明治図書

1年間
まるっと
おまかせ！

小5担任
のための
学級経営
大事典

『授業力&学級経営力』
編集部

JN043602

イントロダクション
小5担任の学級経営
4つの鉄則

岩手県花巻市立若葉小学校　**古舘　良純**

はじめに／5年生という学年を捉える

　これまでに，7年連続11回の6年生担任を経験したことがあります。言い方を選ばずに表現すると，そのほとんどが「荒れ」や「崩壊」といった状態でした。

　「なぜそんな状態になってしまったのだろう」と考えながら学校を見ていると，やはり5年生の段階で崩れていく様子が見えました。

　具体的に言えば，「生徒指導の数が圧倒的に多くなる」「授業が成立しない」「教室に入れなくなる子が増える」といった状況が，5年生の教室で次々と生まれていたのです。

　早ければ6月の段階で黄色信号。1学期をなんとか乗り越えても，また秋にかけて雲行きが怪しくなり，2学期末の段階では赤信号が点灯します。

　その原因の多くは「教師が5年生という学年を捉えきれていない」ということにあると考えています。

　7年連続6年生を担任した次の年，私は5年生を担任しました。子どもたちを捉えようと，常に子どもたちの情報を共有し，指導の方向性をすり合わせ，学年団で徹底的に話し合いました。

　この原稿を書いているのは夏休みです。5年生の子どもたちは大きく成長し，「荒れ」や「崩壊」とは真逆の方向に進むことができています。

　こうした学級経営を成立させていくための鉄則が4つあります。

1 「無邪気さ」を引き立たせる

　学級開き，開口一番「高学年の仲間入りですね！」と話す先生は多いと思います。しかし，このセリフには多くのリスクが隠れています。この言葉を回収するのは容易なことではないからです。

　5年生といえど，出会ったころは「4年生4学期」のようなものです。経験したことがない高学年の看板を急に背負わせてしまうことは，子どもたちに大きな負荷を与えることになるでしょう。

　まずは子どもたちとの出会いに感謝し，「今のみんながいい」「そのままのみんなでいい」と伝えることが大切です。無事に4月を迎えられたことや今日出会えたことに，ただ感謝する心構えが必要だと思います。

　私たち教師は，「高学年」という言葉に縛られています。「きちんとするのが高学年」「見本になるのが高学年」「立派な姿が高学年」と，崇高な人間像を抱いてしまうのです。そこに「無邪気さ」などはほとんど存在していないように感じます。

　しかし，無邪気さを失ってしまった高学年ほど大変な学年はありません。元気いっぱい歌が歌えない。体全体を使って表現できない。喜びを爆発させることができない。涙が出るほど笑えない…。

　そんな状態になると，「子どもでもいられず，大人にもなりきれない中途半端な人間」になってしまいます。

　徐々に子どもたちはエネルギーを溜め込んでしまい，発散させることができない日々を過ごします。悶々とした生活を送るうちに，「トラブル」という形でエネルギーを表出させてくるのです。

　誤解を恐れずに言えば，1学期のうちは「まだ4年生」と捉えて接してもよいくらいです。少しうるさいくらいがちょうどいいと思うほどです。

　1年間かけて育てていくわけですから，「子どもらしさ」を存分に生かしていきたいものです。

2 「スピード」を上げる

単純に，スピードが遅いと成長も遅くなります。起立の素早さや問いかけに対する反応，筆記スピードやタイピングスピードもそうです。育っていない学級ほど，スピードは落ちます。

特に，切り替えスピードは重要です。

例えば，50m走のスピードは個々に限界があります。食事のスピードも，その子の体格によって変わるでしょう。

しかし，頭の切り替えスピードは，ある程度どの子も高めることができます。可能な限り早いスピードに慣れさせるようにします。

スピードが上がると，自ずと時間が生まれます。同じ45分間の授業でも，その中にいくらでも余裕を生み出すことができます。

その生み出した時間で習熟を図るもよし，ノートを自分らしくまとめるもよし，話し合いに時間を費やすもよしです。場合によっては，学級活動的な時間の確保もできるかもしれません。

5年生は，教科書の指導事項も多く，特に時間が必要になってくる学年です。時間を捻出し，かつ成長を促すためにも，スピードを上げる視点をもっておくようにします。

3 「人前」に強くする

6年生担任の先生から，「うちの学級の子どもたちはなかなか発言をしなくて…」と相談いただく機会がたくさんありました。

多くの場合，「思春期だから」とか「はずかしさが出てきたのだろう」とか「高学年だから仕方がないね」と片づけがちです。

しかし，本当にそうでしょうか。私はそうは思いません。単純に人前に出る経験を積んできていないだけだからではないかと考えています。

高学年になるに従って，例えば，計算が苦手だとか，社会が好きだとかと

いう理由で発言する子が偏ることはあるでしょう。

　しかし，それをよしとして進めてしまう担任のあり方が問われているのではないでしょうか。わかる子，言える子だけで授業を進めてしまうことが，子どもたちを発言できない子に「育ててしまっている」と感じます。

　そうならないように，５年生の時点で，人前に強くしておくようにします。同時に，だれもが発言する教室，空気感をつくるようにもします。

　そして，正解か不正解かのみをジャッジするようなことではなく，積極的な姿勢や貢献しようとする意気込みを価値づけ，全員で学ぶ教室にしていくのです。

4　健全な「野心」をもたせる

　小学校では，最高学年である６年生が筆頭です。事あるごとに「６年生のおかげで」「６年生がいたから」と６年生をもち上げる場面がたくさんあります。それが，学校の鉄則でもあります。

　しかし，同じ高学年の括りで見れば，５年生だって委員会活動に取り組んでいたり，運動会でも仕事が分担されたりします。低学年と遊んだり，お世話をしたりもします。

　そんな様子を見ていると，厳しい状態で受けもった６年生より，ギラギラした５年生の方が働いていると思うことがあります。正直な気持ちです。

　いざ仕事を振ったり，何かを任せたりしたとき，パンチ力があるのは５年生。そんな逆転現象を起こせるのが５年生です。

　でも，逆転してはいけません。６年生が筆頭だからです。しかしそれは，５年生の気持ちや勢いをつぶすことではありません。「来年の君たちに期待している」「この６年生をしっかり支えて卒業させたら君たちの番だ」と，力を蓄えながら，最高学年に送り出すことが大切なのです。

CONTENTS
もくじ

4月の学級経営のポイント

1 子どもを理解するとともに, 教師を子どもに理解してもらう

　よい学級経営をするためには, 子どもを理解することが大切です。子どもを理解するとは,「子どもの趣味や嗜好」「子どもを取り巻く環境」「子どもの性格や学習スタイル」などを理解することです。

　これらのうちデータとしてもっていないものについては, アンケートに答えてもらったり, 生活の中で子どもと会話をしながら手に入れたりします。

　さらにもう１つ大事なことがあります。それが「先生理解」です。担任自身について, 子どもに理解してもらうことです。

　例えば, 趣味や嗜好などを伝えることで, 子どもに親近感をもってもらうことができます。それをきっかけにして会話もはずむでしょう。さらに, 信条や教育観, 大切にしていることなどを伝えれば, 今後の学級経営の方向性を示すことにもなります。

　また,「逆鱗」がどこにあるのかをあらかじめ示しておくことも大切です。そうすることで, 子どもたちがはめをはずすことも少なくなるでしょう。

2 まずはラポールを形成する

　ラポールとは「親密度」のことで, 信頼関係づくりの基本です。近年は毎年クラス替えをする学校も増えていますし, 毎年クラス替えをしない学校も, 多くは３年生と５年生でクラス替えをします。ですから, ５年生の４月の時期は, はじめて同じクラスになる子がいたり, はじめての担任だったりすることから, ストレスを抱える子が多いのです。

　そんな状況では, 何よりも子どもたちに安心感をもたせ, 新しい教室, 新しい人間関係に慣れてもらうことが必要になります。新しく学級を開くということで, 学級担任として, 希望に燃えていろいろなことにチャレンジしたくなると思いますが, 思いが先走らないようにした方がよいでしょう。

　何をするにも, まず子どもたちとの信頼関係をつくることを優先します。ラポールをつくることが最優先です。子どもたちの名前をたくさん呼び, たくさん話しかけ, 子どものペースに合わせて会話し, 子どもの話に共感しましょう。ラポールができたら学級づくりスタートです。

3 学校のリーダーとしての自覚を促す

4年生までと違い，5年生は学校のリーダーとしてふるまう機会が増えてきます。通常は6年生を支えるサブリーダーですが，6年生不在のときはリーダーを務めます。

リーダーシップを発揮することが得意な子にはリーダーとしての心構えを，リーダーシップを発揮することがあまり得意でない子には，リーダーをサポートするフォロワーとしての心構えを伝えておきましょう。

例えば，「みんなの意見を聞くこと」「方向性を決めること」などと，いくつかに絞って伝えておくと，わかりやすく覚えやすいと思います。

4 1年間の見通しをもたせる

4月からの主な学校行事を1つずつ板書しながら，行事の内容や参加する際に注意することを簡単に説明します。

このようにして1年間の見通しを視覚化し，これからの生活のイメージを学級全員で共有します。時間があれば，それぞれの行事にどのような態度で参加したいかを記録しておいて，行事のたびに見返すのもよいでしょう。

こうして1年間を見通すことができれば，新しい学年や新しい学級への不安を抱えている子も，安心してスタートを切ることができるでしょう。

（山中　伸之）

春休み
「やることリスト」

1　3月中にやること

①学年・学校単位でやること

- ・学年の経営目標，経営方針の検討
- ・校務分掌，学年分掌の引き継ぎ，割り振り，組織図作成
- ・校務分掌，学年分掌に関わる新年度の日程の確認
- ・年度初めに提案する資料の検討，作成
- ・クラス替えに関わる編成作業と新学級の名簿の作成
- ・学年通信のレイアウト作成
- ・教室，廊下，ロッカー，靴箱，傘立てなどの清掃
- ・新年度に差し替える指導要録などの帳簿の準備，確認
- ・職員座席決定

　春休み，とりわけ3月は新年度を余裕をもって迎えるための貴重な準備期間です。校務分掌や学年分掌，担当学級などの正式決定は新年度に入ってからですが，3月には大枠が決まっている場合が多いでしょう。学年の経営目標などについては，学年主任を中心に内容を検討し，学年分掌の割り振り，組織図作成を進めます。校務分掌についても前担当から確実に引き継ぎ，年度はじめにすぐに提案できるよう指導部の先生方と情報共有しながら準備を進めます。4月に入ると，年度はじめの会議に加え，転入者や新規採用の先生方への対応も加わり，学年・学校運営に関連する事務的な仕事に費やせる時間は限られてきます。3月のうちに見通しをもって仕事を進めましょう。

②学級担任としてやること

- 前担任からの引き継ぎ
- 現担任としての指導要録，出席簿などの諸帳簿の作成，提出
- 指導要録などで児童の学習・生活の様子を把握
- 学級開きの演出の検討
- 最初の１か月の流れの確認
- 学級通信のレイアウト作成
- 日直，給食，清掃，当番・係活動などの学級システムの検討
- 学級通信，学年通信，給食だよりなどの掲示ファイル準備
- 給食・掃除当番表の枠作成

　学年・学校単位で取り組むことと同様，学級担任として現年度に関する年度末の作成物，提出物には早めに取りかかり，提出を済ませてしまいましょう。こうして事務的な仕事を進めながら，４月の学級開き，学級づくり，授業づくりの構想をじっくりと練ることが重要です。

　５年生の場合，複数学級であればクラス替えが行われることが多く，４年生までの人間関係がリセットされて新たな学級での関係づくりが重要になります。４年時の担任から引き継ぎを行うとともに，指導要録などにも目を通し，生徒指導面，健康面など配慮が必要な児童の情報を集めておきましょう。

　また，５年生は高学年の一員として児童会活動への参画などを通して学校づくりにも関わるサブリーダーだという意識を育むことも欠かせません。どんな学級を目指すのかという視点に加えて，これまでの５，６年生がどのような学校づくりを目指してきたのか，それを受けてどんな学校にしていきたいかという視点もあわせもちながら学級経営の方針を検討しましょう。こうして，「こんな準備が必要だ」「この時期にこんな活動に取り組ませたい」といった具体的な道筋を描いておくと，４月からの学級経営の目標，ビジョンがよりはっきりとしていきます。

4月

2 4月に入ってやること

①学年・学校単位でやること

- ・新しい担任団の顔合わせ，学年昼食会
- ・学年の経営目標，経営方針の共有
- ・指導部における校務分掌，学年における学年分掌の内容の共有
- ・新年度最初の学年集会の計画，役割分担
- ・専科の授業，合同授業（体育等）の調整を経て時間割作成
- ・学年で使用する共通教材，消耗品などの発注
- ・クラス替えに伴う指導要録などの書類差し替え
- ・保護者向けのクラス替え発表資料の掲示，配付
- ・新年度最初の配付物の準備と回収書類の確認
- ・学年通信の作成・印刷
- ・入学式の準備と当日の流れの確認

　新年度，転入者や新規採用の職員も加わって新しい学校生活が始まります。慌ただしい新年度のスタートですが，自分から先生方一人ひとりに笑顔で声をかけましょう。出会いの日の好印象が「困ったときはあの先生に聞こう」という安心感につながり，その後の学校，学年運営の安定につながります。

　校務分掌や学年分掌について，正式に担当が決定したら関係する先生方と早めに内容や1年の見通しを共有しましょう。分掌によっては1日目からすぐに動き出さなければならないものや学校外で担当者会議が計画されているものもあります。見通しをもち，慌てることのないようにしましょう。

　5年生はクラス替えがあり，子どもは期待の気持ち反面，新たな人間関係などに不安を抱くこともあります。それは保護者も同様です。学年通信を通じて，そして最初の学年集会で「安心して一歩を踏み出そう」というメッセージが伝わるよう，学年で内容を練り，準備を進めましょう。

②学級担任としてやること

- ・学級通信の作成・印刷
- ・学級名簿の作成・印刷（児童名をしっかり覚える）
- ・教室のロッカー，靴箱などに児童名シールを貼る
- ・児童の名前カード（マグネット）の作成（当番活動用，授業用）
- ・指導要録などの公簿に学年，担任名の記入
- ・健康観察シートなどに児童名の記入
- ・座席表，時間割表，給食・掃除当番表の作成
- ・学級活動の計画
- ・学級経営案の作成
- ・学級開きの演出，最初の1か月の計画
- ・授業開きの計画

　担任する学級が決定し，子どもたちとの出会いが待ちきれない4月。気持ちが高ぶっている今だからこそ，その思いを学級開きに，そしてその後の学級づくり，授業づくりにつなげていきましょう。

　まずは，机の台数の確認や掲示物の準備など教室環境の整理を行い，子どもたちが使用するロッカー，靴箱への児童名シールの貼りつけ作業を済ませます。そして，学級名簿を教室や職員室，手持ちのファイルなど至る所で目に入るようにしておき，児童名を覚えます。出会いの日に，子どもたちと目を合わせて名前を呼ぶことで，担任への信頼感は一気に増します。

　何より重要なのは「最初の1か月で学級の1年間が決まってしまう」ということです。学級開きで子どもたちの心をわしづかみにし，「こんな学級にしたい」という担任の願いをしっかりと伝えることがその後の1年間を決定づけます。学級開きの初日，そしてその後の1か月の流れを，学級づくりの「作戦」として文字に書き出し，自信と覚悟をもって迎えたいものです。

（鈴木　玄輝）

4 April

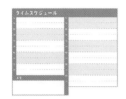

新年度1週間の
タイムスケジュール

1日目

8：00	・職員打ち合わせ ・転入してきた先生方と校長室で待機
8：10 〜 8：40	・児童登校（2年生以上） ・学級ごとに旧担任，残留職員で健康観察 ・提出書類等の回収，今日の日程の確認 ・教室や廊下の清掃
8：50 〜 9：35	・新任式，始業式 ・担任発表 ・入学式の流れの確認，歌練習
9：40 〜 11：30	・入学式 ・新入学児童の補助 ・入学式終了後の後片づけ
11：40 〜 12：10	・学級開き①（学級活動） ・担任自己紹介 ・新任式，始業式の振り返り ・学級通信第1号配付 ・明日以降の予定の確認 ・明日の持ち物等の確認
12：15	・児童下校 ・教室の整理・整頓

12：20〜13：00	・職員昼食会
13：10 〜 14：00	・指導部会 ・担当する業務内容の確認 ・今後の見通しの確認，相談
14：10〜	・学級事務

①視点をもって子どもを見る，ほめる

　子どもたちとはじめて出会う大切な1日です。この日を迎えるまで，緊張の中で年度はじめの様々な会議や準備に追われてきたことでしょう。「どんな子どもたちだろう」と期待も膨らんでいると思います。まずは，初日の子どもたちのあいさつや，新任式，始業式，入学式に臨む姿，そして式後の後片づけに取り組む姿をよく観察しましょう。学校のサブリーダーという立場になり，新鮮な心持ちで行動している姿からは，ほめるポイントがたくさん見つかるはずです。入学式が終わるといよいよ学級開きです。担任として初めて子どもたちに向き合う大切な時間になります。分刻みの忙しい1日ですので，子どもたちの自己紹介や担任の学級に対する願いは2日目にじっくり伝えることとし，この日は子どもたちの姿をおおいにほめましょう。

②「縦糸を張る」ことを忘れない

　ほめることに重点を置きつつも，気を付けなければならないことがあります。担任発表の瞬間から担任に対する子どもの「値踏み」は始まっています。「今度の先生は怖いのかな，優しいのかな」「どこまで許してくれるのかな」など，こちらの出方をうかがっています。式後の教室移動時に列からはみ出したり，私語を続けたりしていたら毅然と注意し，指示に従わせなければなりませんし，崩れた言葉づかいで話しかけてきたら言い直させることが大切です。きちんと行動を改めたり，やり直せたりしたら大いにほめます。こうして，年度はじめから毅然と「縦糸を張る」指導をすることで，学級の仕組みやルールをつくっていくうえで欠かせない秩序ができていきます。

4月

2日目

1時間目	全校朝会 教科書配付	・校長講話，生徒指導に関わる講話 ・教科書配付，中身の確認
2時間目	学級開き②	・学級に対する担任の思い，願い ・サブリーダーの心構えについて ・子どもたちの自己紹介
3時間目	国語	・国語の授業開き ・教科書の使い方の指導 ・詩の音読
4時間目	算数	・算数の授業開き ・教科書の使い方の指導 ・学習の進め方の確認
一斉下校		・明日の登校・下校時刻，持ち物などの確認 ・ロッカー，靴箱，傘立ての確認 ・通学路の確認

①努めて明るくふるまい，子ども一人ひとりの名前を呼ぶ

　昨日は新任式，始業式，入学式と，子どもたちにとっても担任にとっても慌ただしい1日でした。今日から少しずつ通常の学校生活が始まります。何事も最初が肝心です。基本的な生活習慣を身につけさせ，学級の秩序をつくり出すために細かい点にも気を配りたいものです。

　まずは担任として，努めて明るくふるまうことを心がけましょう。クラス替えもあり，新鮮な気持ちの反面，新しい環境や人間関係になかなか慣れない子どももいます。そこで，朝，昇降口や教室で登校してきた子どもたちを笑顔で出迎え，一人ひとりの名前を呼び，声をかけましょう。「この先生は自分をしっかり見てくれている」という信頼につながります。

②子ども同士がつながる場面を設ける

　5年生になった子どもたちを見ていると，男女間のコミュニケーションが極端に減ったり，特定の友だちとしか話さなかったりする場面が出てきます。そのままでは，同じ学級にいるのに「あの子とは1年間で1度も話さなかった」ということにもなりかねません。そこで，子どもたちの自己紹介にひと工夫加えます。まず，「話をせずに，誕生日の早い順に輪になりなさい」と指示します。子どもたちは指で数字を表したりしながら輪をつくります。輪ができたら1人ずつ名前と誕生日を言い，答え合わせをします。並ぶ順番が逆ということも出てくるでしょうが，笑いが生まれ明るい雰囲気になることが重要です。その後，誕生日順に4～5人ずつの小グループに分かれ，5年生の意気込みや抱負などを紹介し合います。こうして，楽しみながらお互いのことを知ることができます。このように，偶然性で楽しくつながる場面を小まめに設けることで，子どもたちのつながりを広げていきましょう。

③整理整頓の大切さに意識を向けさせる

　初日か2日目の早い段階で，子どもたちに靴箱，ロッカーなどの確認をさせます。「みなさんは気持ちよく5年生の生活をスタートしました。でも，これから緩みが出てきます。それはまず靴箱やロッカーに現れます」，そう言って整頓をさせます。翌日は，靴箱を経由して教室に向かい，整っていたらしっかりほめて，そうでなければやり直させます。同様に，下校時に机，いすが乱雑なままの子どももいます。こちらも整頓させます。

　教室環境の乱れは学級の荒れにつながります。最初の指導が肝心です。

④集団行動を徹底する

　学校生活，特に最初の1週間は儀式的行事や身体計測など，集団で移動する機会が多いです。裏を返せば集団行動を徹底するチャンスです。「出席番号順に2列に並びなさい」と指示し，私語やダラダラした姿があればきちんとやり直させ，できたら大いにほめます。これを繰り返しましょう。

1時間目	学級活動	・朝の会，帰りの会の指導 ・日直活動の指導
2時間目	国語	・詩の音読，読解 ・ノートの使い方の指導
3時間目	身体計測	・着替えの約束 ・整列，廊下の歩き方の指導
4時間目	給食指導	・給食当番の仕組みの指導 ・配膳，後片づけの指導
給食		・事前指導の内容を基に指導
5時間目	学級活動	・当番活動の指導 ・当番活動の役割決定

①学級の仕組み，ルールづくりを行う

　学級が始まって3日目。授業も本格的に始まり，給食も始まるころです。最初の2日間は担任の指示で学級の一日が動いてきたと思います。ここから少しずつ学級の1日を子どもたちが自主的に運営していくことができるようにする必要があります。朝の会や帰りの会の進め方の指導，日直・当番活動，給食当番の仕組みづくりを行います。万が一，何らかの事情で担任が不在となっても，子どもたち自身が学級を運営できることが重要です。最初の3～7日間で学級の仕組みやルールについて指導し，その後の1か月間で繰り返し子どもたちに身につけさせていくことになります。

②意図説明を行う

　朝の会，帰りの会にしろ，日直・当番活動，給食当番にしろ，「なぜその仕組みやルール，活動があるのか」ということを担任は子どもたちに説明できなければなりません。意図が明確でないと，一部の真面目な子どもたちは

活動するかもしれませんが，やらされ感だけが漂い，子どもたちによる自主的な学級運営にはつながりません。

　例えば，日直活動であれば，次のように活動の意図を説明します。

　「私は，皆さん一人ひとりが自主的にクラスを動かせるようになることを願っています。何らかの事情で急に私がクラスに来られなくても，自分たちの力でクラスを動かすのです。それでこそ○○小学校の5年生です。そのために，日直が中心になってクラスの1日の動きを管理します。自主的にクラスを動かし，時間を大切にできるすばらしいクラスにしていきましょう」

　こうして，最初の1週間は仕事の進め方を繰り返し指導することになります。他の仕組みやルールも「なぜあるのか」「なぜ必要なのか」を子どもたちが理解し，納得した状態で取り組めるようにすることが大切です。

③活動を「見える化」する

　活動の意図を説明し，役割分担をしただけでは子どもたちは主体的に活動に取り組めるようにはなりません。「いつ」「何を」すればよいのか，「どんな仕事がどこまで進んでいるのか」を「見える化」する必要があります。

　例えば，日直活動であれば，1日の流れを時間とともに示し，1つの仕事が終わるたびに札を裏返す日直黒板を使うと，仕事の進み具合がひと目でわかり時間意識も身につきます。仕事を忘れていたら，はじめのうちは担任が，その後は子どもたち同士が声をかけ合い，学級が子

どもたちの力で動くようにしていきます。当番活動も同様に，赤，白両面になっているマグネットシートを使い，白色の面には子どもの名前，赤色の面には当番名を書くと当番カードが完成します。自分の仕事が終わったら自分のカードを裏返し，進み具合を「見える化」していきます。

1時間目	算数	・第1単元の学習 ・ノートの使い方の指導
2時間目	学力テスト	・国語
3時間目	音楽	・校歌の練習 ・教科書を使用した授業開き
4時間目	社会	・教科書を使用した授業開き
給食		・給食当番の指導，配膳，後片づけの指導
5時間目	学級活動	・学級目標づくり，個人目標づくり

①学級目標づくりを通して1年の方向性を具体化する

　慌ただしい3日間が過ぎ去り，ようやく落ち着くころです。引き続き学級の仕組みやルール，整理・整頓などについて手を抜かずに指導します。こうして学級の秩序を築き上げつつ，「どんな学級，どんな5年生を目指すのか」という方向性を具体化していきます。そもそも学級目標が必要かどうかという考え方もありますが，「なぜ必要か」を考えるところから始めたいものです。さらに，5年生はこれまでとは違い，高学年の一員として6年生とともに学校を牽引する立場です。どんな学級，どんな5年生でありたいか，サブリーダーという立場も意識させながらじっくり考え，方向性を具体化する時間を設けましょう。

②授業では全員が発言，音読する場面を設ける

　高学年になると，積極的な発言や音読を避ける子どもが出てきます。しかし，強制ではやらされ感が漂いかえって逆効果です。そこで，授業の中にリラックスした雰囲気で発言できるペア学習の時間を設けたり，必ず一斉音読の時間を設けたりして，授業で声を発することを日常化しましょう。

5日目

1時間目	道徳	・道徳の授業開き
2時間目	学力テスト	・算数
3時間目	理科	・教科書を使用した授業開き
4時間目	図画工作	・教科書を使用した授業開き
給食		・給食当番の指導，配膳，後片づけの指導
5時間目	体育	・整列指導，体ほぐし運動

①心も体も解放する時間をつくる

　学級の一日が次第に子どもたちの力で動いてくるようになるころです。学級の仕組み，ルールの指導を繰り返しながら，「縦糸を張る」場面がどうしても多くなってきます。そこで，学級全員で心も体も解放する時間をつくりましょう。休み時間や体育の時間に，担任も一緒になって体を動かして楽しみましょう。5年生でも，鬼ごっこやドッジボールには本気でのめり込みますし，時折こうした時間を設けることが高学年にとって重要です。また，こうした時間の中で，なかなか輪に入れない子どもや，日頃はなかなか見せない意外な一面を見せる子どもの姿を発見できます。そうした姿を把握して，その後のフォローや人間関係づくりにつなげていきましょう。

②保護者とのつながりを意図的に紡ぐ

　学級開きから5日が経ち，子どもたちの様々な姿が見えてきているはずです。学習面，行動面で気になる子どもがいた場合，保護者と早めにつながって，学校や家庭での姿を共有しておきましょう。また，クラス替え以降，期待とともに不安な気持ちを抱いている保護者がいるかもしれません。子どもたちががんばっている姿を学級通信などで小まめに発信しましょう。

（鈴木　玄輝）

「黒板メッセージ」のアイデア

1　過去の自分をリセットするきっかけをつくる

　子どもたちとの出会いの日に，下のような図を黒板にかいて，子どもたちに説明します（これは，菊池省三先生が学級開きで実践されているものを参考にしたものです）。

　「４年生までの生活で，人間関係のトラブルやなかなか自分らしさが出せないなど，マイナスなこともあったでしょう。けれど，先生はみなさんの過去のことは知りません。ここから，みんなと一緒に前向きにどんどんチャレンジして，一緒にたくさん成長していきたいと思っています。みなさんは，どんどん前向きにチャレンジし，成長し，がんばるＡの道と，４年生までと同じようなことを続けて生活するＢの道のどちらを進みますか？」

　子どもたちは心の奥ではみんな成長したいと思っています。そんな子どもたちに，よい意味で過去をリセットするきっかけをつくってみましょう。

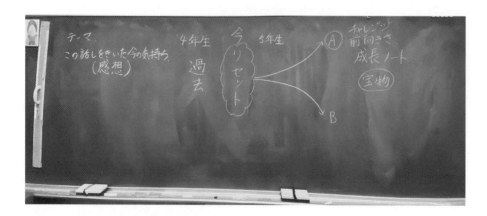

2　自分自身に対する決意表明をさせる

　前ページの板書をノートに書き写すように伝えます。そして，大事なことや成長につながると思った言葉を，どんどん自分のものにしていくように伝えます。

　さらに，「この話を聞いた今の気持ちは？」というテーマで自分の思いをノートに書かせます。どの子も「今年は…」「今年こそ…」と，やる気にあふれています。下の写真の子どもは，「いつかこのノートは，自分の宝物になると思います。4年生から5年生へ前向きにチャレンジしたいです」と書いています。

　このように，出会いを大切にしながらも，自分の心の中の言葉を言語化することで，自分自身に対する決意表明の機会とします。書くことで思考が整理され，その後の行動にもつながっていきます。また，これからの学校生活において，書くことによって決意を新たにすることや，内省することを意識づけします。

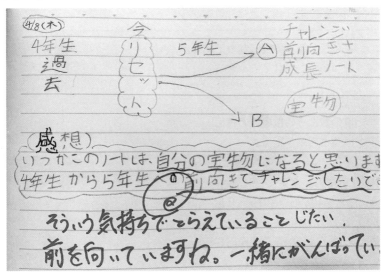

（加倉井英紀）

「教師の自己紹介」のアイデア

1　おもしろい教科のネタを使いつつ自己紹介を行う

　5年生ともなると学習もどんどん難しくなり，前学年までの内容がその学年の学びに直結することが多々あります。勉強に自信がない子どもたちは，不安を抱えて5年生になっていることもあります。そんな不安や悩みは出会いの場でなくしてあげたいものです。

　そこで，おもしろい教科のネタを使いつつ自己紹介をしてみてはどうでしょうか。国語や算数，理科などの授業開きの中で，子どもが「わぁ！」となるような場面をつくってみましょう。「こんなおもしろい授業をしてくれる先生なら安心だ！」と思ってもらうことがねらいです。

　以下は，きまりを仕組んだ算数のおもしろネタの概要です。

あれっ，答えが全部9の段になっている。
何かきまりがあるのかな？

【小学生の解答】
　十の位の数と一の位の数の差に
9をかけると答えが出る。

【中学生の解答】
$(10a+b)-(10b+a)=9a-9b$
$=9(a-b)$
　だから答えはすべて9の段になるし，
aとbの差で答えが決まる。

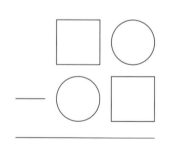

---

2 対話型で自己紹介を行う

　教師の自己紹介というと，どうしてもこちらが一方的にしゃべってしまうイメージがあります。「本当に子どもが知りたいことなのかな？」「もっと知りたいことってあったのではないかな？」と考えると，こちらから伝えるよりも，子どもに聞きたいことを尋ねてもらった方がよいこともあります。

　そこで，班で話し合って１つ質問したいことを決め，尋ねてもらうようにします。５年生ともなれば，班で話し合って合意形成することができるようになっています。複数質問を考えておいて，他の班が自分たちが用意していた質問をしたら，別の質問に変えるなど，臨機応変に動く力にもつながります。また，自分が聞きたいこと優先ではなく，どのような順序で聞いたら話がわかりやすいかを考えて聞くことも大切になります。質問タイムが終わったら，「班で協力して質問を考えることができたね。すてきだね」と価値づけましょう。

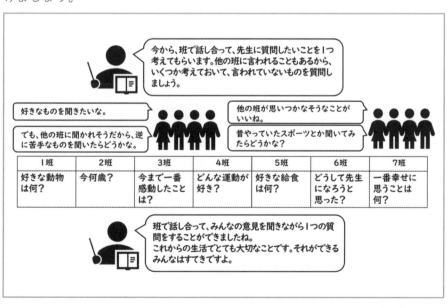

（渡邊　駿嗣）

# 「子ども同士の自己紹介」
のアイデア

1　関わり方についての思いを伝えさせる

　5年生くらいになると，「こんな関わり方をしてほしい」という願いが明確になってきます。4年生のころに呼ばれていたニックネームがなんとなく気になってしまう，コンプレックスに思っている容姿には触れてほしくないといった気持ちがわいてくる年ごろです。

　写真の例では，自分をどのように呼んでほしいか，どんな話題なら応じられるかといった希望を伝えやすくするように短冊を使っていますが，アイデア次第でこれ以外の内容を，別の形で示しても楽しめます。

　はじめて出会う友だちだからこそ，また思春期の入り口に立った5年生だからこそ，自己紹介を「思いを伝えるチャンス」に使いましょう。

2 得意なことを紹介させる

　普段行うような自己紹介に加えて，自分の得意なことを紹介する時間を設けてみましょう。

　写真は運動の得意な子どもの例ですが，絵やイラストが得意なら作品を見せる，リコーダーなどで音楽を奏でる，手品をやってみせるなど，子どもたちの工夫やアイデアで，お互いをより理解することができるような時間になるはずです。

　まず，事前に自己紹介の仕方を説明し，得意なことを決めておくように話します。もし，思いつかないようであれば友だちと相談してもよいし，得意なことを一緒に披露してもよいということを確認しておきます。

　得意なことを積極的に伝えたいと思う子どもがいる一方で，はずかしいと思う子どももいます。クラスの実態や発達段階に応じて，子どもたちの意見を聞きながら進めていきましょう。

（荒畑美貴子）

「学級通信第1号」のアイデア

1　紙とオンラインのハイブリッド学級通信にする

　学級通信で最も重要なことは，見た目でも内容でもなく，無理なく継続して発行できることです。web アプリなら，ネット環境さえあれば，いつでもどこでも作業できるし，クラウド保存でミスもありません。

　Microsoft PowerPoint Online，Google スライド，Canva などレイアウトが自由にできるアプリがおすすめです。

　これらの web アプリであれば閲覧専用リンクを発行できるので，学級通信のオンライン化が可能になります。

　いきなり完全オンライン化するのではなく，まずは印刷した学級通信にオンライン用の QR コードを掲載するハイブリッド式がおすすめです。

Googleスライドの閲覧リンク発行

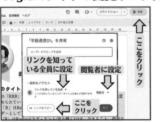

Canvaの閲覧リンク発行

QRコードの発行

PowerPoint Onlineの閲覧リンク発行

2 学級開き動画を学級通信に掲載する

　新学期最初の学級活動では，たくさんのルールや約束事を話します。できれば保護者にも聞いてもらって，学校と家庭が共通理解のもとで指導を進めていきたいものです。学級開きの様子を撮影して学級通信第1号に掲載しましょう。

　Microsoft PowerPoint Online や Google スライド，Canva などで空のスライドを作成して閲覧専用の共有リンクを発行して，QR コードにして学級通信に掲載します。撮影後の動画を編集しなくてもいいようにシナリオを用意するなどして，学級開きに臨みましょう。撮影が不安な場合は，事前に撮影しておくと本番のリハーサルにもなります。

　学級開きが終わった後に撮影した動画を空のスライドに挿入すると各家庭でも視聴できるようになります。

　処理に時間がかかるので「何時以降から視聴できます」と明記しておくとよいでしょう。

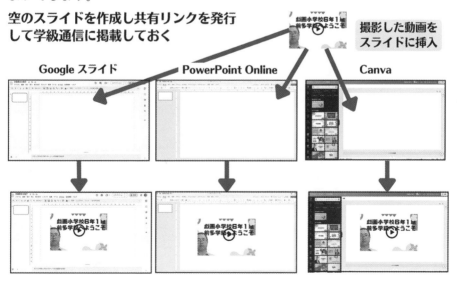

（前多　昌顕）

「学級目標」のアイデア

1　保護者の想いを取り入れる

　学級目標は，学級を１年間運営していく中で，価値の基準となる重要なものです。一般企業であれば「企業理念」として，社員が会社としてどんなビジョンをもっているか共有することが大切だそうです。学級経営もまさに同様であると言えます。

　高学年ともなると，行動力や想像力がある程度身についてきています。教師の手を離れて自分たちで創造する行為に喜びを感じる段階でもあります。

　さらに，私が高学年を担任し学級目標を作成する際には，子どもたちや担任の想いを取り入れるだけでなく，保護者の想いを取り入れるようにしています。保護者の方に下のようなアンケートを行った年もあります。学校事情でもしこのようなアンケートが行えない場合は，４月に提出してもらう家庭環境調査書（住所や家族構成などを記入する書類）の中にある「学校に望むこと」「どんなお子さんに成長してほしいか」などの欄を活用して，子どもたちに保護者の想いを語ります。これが，「先生とおうちの人が見守っているよ」というメッセージになります。

保護者の皆様へ
　いつもお世話になっております。このアンケートは学級目標を立てる際に活用します。お子さんと教師と，そして保護者の皆様の想いを取り入れた目標にしたいです。お子さんに「こう成長してほしい」という想いをお書きください。

2　学級目標づくりを子どもに任せる

　学級目標の掲示物は，多くの場合，先生がつくっているのではないでしょうか。そこで，これを子どもたちにつくってもらうのはどうでしょうか。

　見た目は先生が作成したものよりも劣りますが，子どもたちが愛着をもちやすいという意味で，非常に効果の高い活動でもあると言えます。私は，まず有志数人でデザイン案を決め，あとは全員に担当を振り分けて作成しています。

　下の例は，3年生に任せたものです。5年生ともなれば，より自主性や創造性が高まっており，もっとすてきな学級目標ができるはずです。

　学級目標に子どもたちが愛着をもつことは大切です。それは，子どもたちに学級に「所属感」をもたせることが重要だからです。所属感とは，「自分もこのクラスの一員なんだ」と感じられることです。もちろん学級目標に愛着をもつだけで所属感が高まるのかというと，そうではありません。しかし，学級目標に愛着をもち，学級として共通の価値をもって成長するという一連の流れが子どもたちの所属感を高めると考えます。大切にしたい価値があまりにもバラバラだと，子どもたちは不安になってしまいます。だからこそ，学級目標が大切になります。

　学級目標づくりにこうしたひと工夫を入れてみるのはいかがでしょうか。

（篠原　諒伍）

生活指導のポイント

1　「1年間言い続ける」という覚悟をもつ

　年度はじめ，あれもこれもと伝えたいことはたくさんあります。ですが，年度はじめこそ，その気持ちをぐっとこらえて，「これだけは」ということに焦点を絞ります。というのも，指導には必要なタイミングや時期があり，すべてが年度はじめに必要かというと，そんなことはないからです。

　では，年度はじめに必須の生活指導とは何でしょうか。それは1年間の学級生活の基軸となる「考え方」や「ふるまい」です。年度はじめという時期には不思議な力があり，子どもの中に「前の学年の自分よりもよくなりたい」「成長したい」という思いが自然と生まれてくることが多いのです。そんな時期だからこそ欲張らず，必要なポイントに絞って繰り返し指導し続けることで，だんだんと子どもたちの中に「考え方」や「ふるまい」が定着していきます。

　これらの指導は，熱量を下げることなく「1年間言い続ける」という覚悟が最も大切です。逆に覚悟が決まらないことは，「今は指導しない」と決めることも必要です。指導が必要なタイミングになってから指導すればよいのです。

　重要なことにポイントを絞って，まずはきちんと教える。教えたことは見取る。そして，肯定的なフィードバックを繰り返す。できないことはやり直しを通して身につくまで言い続ける。これらが大切なことです。

　以下，「『人・もの・言葉・時間』を大切にする」「『でこぼこ』を尊重する」「『変化』を心地よいと感じられるようにする」の3点について述べます。

2 「人・もの・言葉・時間」を大切にする

　学級開きで，子どもたちと「よいクラスにしていきたい」という共通理解を図った後，具体的にどんな状態が「よいクラス」なのかという基準をやりとりの中で確認します。そのときに，「人・もの・言葉・時間」というキーワードを示します。学級内でこれら4つを大切にすれば，お互いが幸せに生活できる＝よいクラスに近づく，という認識の共有を図ります。

　その後，日常生活でどのようなふるまいをすれば，4つのキーワードを大切にできるか意見を出し合うと，以下のような意見が出てきます。

①人を大切にするには
　　・話をよく聞く
　　・優しく接する
　　・親しき仲にも礼儀あり

②ものを大切にするには
　　・自分の持ちものの整理整頓をする
　　・持ちものに名前を書く
　　・学級のものを大切に扱う

③言葉を大切にするには
　　・思いやりのある言葉を使う
　　・考えてから話す

④時間を大切にする
　　・チャイム時間を守る
　　・人を待たせない

　日常生活の中で，みんなで決めた「人・もの・言葉・時間」の基準について前向きなふるまいがあれば，肯定的なフィードバックをして強化し，逆によくない行動があった場合は，基準に立ち返らせます。このように，基準を明確にすることで，子どもたちにとって「安心安全」の拠りどころとします。

3　「でこぼこ」を尊重する

　自分と他者，他者と他者の間には「でこぼこ」が存在することを教え，それに合わせたふるまいが必要だと伝えます。年度はじめにきちんと指導しないと，「自分のことを理解してくれない」と簡単に他者を非難したり，「自分は相手よりも○○が劣っている」と自分のマイナス面のみを見て劣等感をもったりすることがあります。

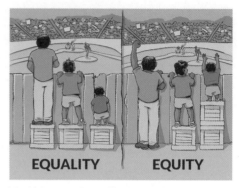

https://interactioninstitute.org/illustrating-equality-vs-equity/ Artist: Angus Maguire

　そこで「でこぼこ」というキーワードで，多様性を教えます。上の図を見せて次のような話をします。「この絵を見てどんなことを感じましたか。左側の絵だと一番右にいる小さい子が野球を観戦できません。一番左の大人は台がなくとも観戦できます。そこで，右の絵は一番左の大人が一番右の小さい子に台を渡したことで，3人とも観戦できるようになりました。人には何かしら『でこぼこ』があります。その『でこぼこ』を理解し合い，支え合えるようになるといいですね。この絵をクラスに置き換えるとどうでしょうか。クラスには算数が得意な人もいれば，サッカーが得意な人もいます。歌が苦手な人もいれば，話すのが苦手な人もいます。みんな得意不得意，つまり『でこぼこ』があります。一人ひとりがもともともっているよさを生かしてクラスで活躍し，得意なことで人の役に立てる，自分が苦手なことは気軽にヘルプを出せる。そんなクラスにしていきたいですね」

　この話の中で特に伝えたいことは，「困ったことや苦手なことがあればヘルプを出していい」ということです。お互いの「でこぼこ」を前向きに捉え，苦手なことは支え合い，自分の得意なことで人の役に立てることが「心地いい」と思えるクラスの土壌をつくります。

4 「変化」を心地よいと感じられるようにする

「成長する」という言葉は「変化する」と言い換えることもできます。年度はじめは，子ども自身が「変化する」ことを楽しみ，心地よいと感じるようにすることが大切です。そこで，子どもたちには「節目は変われるチャンス」という話をします。この話は，船橋市立船橋小学校長の渡邉尚久先生から教えていただいたものです。

「大晦日から新年に変わるのは，普通の日が1日経つのと比べて何か特別な感覚がありませんか。それは節目だからです。節目には大きな力があります。何か新しいことができそう，新しい自分になれそうといった期待やわくわくが自然とわいてきます。4年生から5年生になったという年度のはじめも大きな節目なのです。この節目は人が『変われるチャンス』でもあります。ぜひこのチャンスを逃さず，大切にできるといいですね」

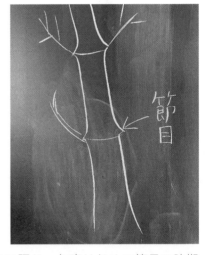

節目を生かすことの重要性を子どもたちに語り，年度はじめの節目の時期に，変化を厭わず自分をアップデートしていく人たちを全力で応援し価値づけると心を込めて伝えます。同時に，変化を冷やかしたり邪魔をしたりすることは許さないということも伝えます。

すると，必ず前向きな言動をする子どもが出てきます。2の「人・もの・言葉・時間」で決めたことに関係する言動があれば見逃さず，その場で適切なフィードバックをします。帰りの会や朝の会で改めて「うれしかった」と感動を紹介したり学級通信で紹介したりします。節目を成長のチャンスと捉え，子どもたちに「自分は変われない」という思い込みを捨てさせることが大切です。

4月

学習指導のポイント

1　価値，目的，意味をきちんと伝える

　高学年になると，中学年以上に「何のためにやるのか」という指導内容の価値，目的，意味をきちんと伝えることが重要になります。生物学的な視点からも，高学年の発達段階では，論理的思考や概念的思考ができるようになるので，論理的に伝えていくことが大切です。「こうやります」だけではなく，「この学び方をするとこんなよさがあります」など，価値を伝える努力を怠らないようにします。

　子どもたちに，高学年になると機能する脳の箇所が変わってくることも伝えます（参考：井口潔『人間力を高める脳の育て方・鍛え方』）。高学年になると，大脳辺縁系に加えて，大脳新皮質が機能するようになり，自らの生き方を考え，生き方の選択をして志を立てる段階に脳が変化していきます。ですので，「何のためにやるのか」までを伝えると，より納得して話を聞き，よりやってみようという気持ちになることが多いです。

　また，年度はじめの学習指導は，基本的に生活指導と同じで，欲張らずに「これだけは」ということに焦点を絞って指導します。それは１年間の学習の基軸となる「考え方」や「ふるまい」です。そして，こちらも生活指導と同様ですが，「１年間言い続ける」覚悟をもつことです。学習指導に通底する「考え方」や「ふるまい」として，必ず押さえておきたいポイントを，「『全員参加』の耐性を育てる」「『聞き方』を重点的に指導する」「自分の話す力をメタ認知できるように指導する」の３つに分けて紹介します。

2 「全員参加」の耐性を育てる

　学習に向かう構えとして、「全員参加」は必須です。授業には「お客さん」としてではなく「学習者」として参加するように伝えます。「発問→挙手→発言」のやりとりのみで授業を進めると、授業は一定数の子どもたちとのやりとりでしか進まなくなります（もちろん発言しなくても思考し学んでいる子どもはいます）。そうすると、挙手しなかった子どもたちは「45分間黙っていれば授業が終わる」と捉えかねません。

　そこで、45分間の中で「自分の意見を書く」「AかBか立場を明確にしてどちらかに挙手して理由を発表する」「ペアやグループで意見交換する」など、子どもたちが「お客さん」にならないような授業の組み立てを心がけ、「全員参加」の耐性を育てるようにします。慣れていない子たちにとって最初は抵抗があるかもしれませんが、4月から繰り返し指導していけば、1か月もすると、どの子も自分の立場を明確にできるようになるものです。

　「全員参加」を常に意識できるように、仕組みを整えることも大切です。例えば、立場を明確にしたら必ず挙手させ全員手をあげているかチェックする、意見を書かせたらノートを全員分チェックするなどを行って参加の姿を見取り、肯定的なフィードバックをします。割り箸の先端に出席番号と一人ひとりの名前を書いたくじを子どもたちと一緒につくり、だれでも答えられそうな予想や前時の復習を確認するときなどにこのくじを引き、指名するという仕組みも便利です。「くじを引くよ」と言うと、ほどよい緊張感とわくわくが入り混じった学びの時間になります。

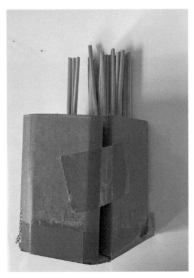

割り箸を使ったくじ

4月

041

3 「聞き方」を重点的に指導する

　「聞く」は学びの土台です。聞くことをないがしろにすると，その上にどれだけ大事なことを指導しても，学びが積み重なっていきません。ですから，年度はじめには「聞き方」については重点的に指導します。

　国語の教科書の冒頭に「話す・聞く」の小単元があることが多いので，その単元を活用します。「話す」と「聞く」はどちらも大切な力ですが，最初は「聞く」を重点的に指導します。なぜなら，学校における学びは聞くことから始まる場合が多く，聞く力がないと学びが停滞してしまったり，一緒に学ぶ仲間に迷惑をかけてしまったりすることがあるからです。

　聞き方の指導は，2人ペアをつくり，話し手と聞き手に分かれ，次のように進めます。話し手は，朝起きてから今までどんなことがあったか，聞き手に対して1分間一生懸命話をします。その際，聞き手は話し手の話をあえて悪い態度で聞き，徹底的に話し手を無視するようにします。話し手は心が折れそうになりますが，それでも時間内は一生懸命に話をさせます。終わったら，話し手がどんなことを感じたか，学級全体で共有します。「話したくなくなった」「苦しかった」など，マイナスの反応が多く出てきます。

　その後，聞き手は態度を改め，相づちやアイコンタクトをするなど，よい態度で話を聞くようにして，同様に話し手に1分間話をさせます。すると，話し手は「聞いてもらっている感じがしてうれしかった」などの感想を言います。その後，役割を入れ替えて同じやりとりをします。

　これらの体験から，話し手にとって「聞いてもらっている感覚」が大切であることを子どもたちは学びます。また，聞いていることが伝わるためには自分の態度が重要であることも同時に学びます。

　「聞く4段階」という考え方（参考：スティーブン・R・コヴィー『7つの習慣』）があります。①無視する，②聞くふり，③選択的に聞く，④傾聴する　の4つです。これらの4つの段階の話もして，自分の聞き方はどの段階であるかを繰り返し振り返り，意識できるようにしていきます。

4 自分の話す力をメタ認知できるように指導する

　「聞く」指導と同時進行で，「話す」指導も繰り返し行います。「正確に聞こうとし，相手に伝わるように話す」「深く聞こうとし，思いやりをもって話す」と教えます。「自分が言葉を発しただけで100％相手に思いが伝わる」ということはなく，自分の思いを言語で伝えるには努力が必要です。

　「話す力＝内容×伝え方」です。どんな内容にしたら，どのような伝え方をしたら伝わるのか相手目線で考えさせます。その際，「メラビアンの法則」の話をします。矛盾したメッセージを発した際の人の受け止め方について，人の行動が他人にどのように影響を及ぼすかを判断する実験で，聞き手が受け取る情報を100％としたとき，話し手の「言語情報（話す内容）」が7％，「聴覚情報（声の大きさ，話し方など）」が38％，「視覚情報（見た目，表情，身振り手振りなど）」が55％だった，というものです。「言語情報」が話の「内容」，「聴覚情報と視覚情報」を「伝え方」と捉え，自分の話す力をメタ認知できるようにことあるごとに指導します。

　また，よい話し方（伝え方）をした子がいれば見逃さずに取り上げて評価し，相手に伝わるように話すことは相手への思いやりであると伝えます。

（山﨑　敏哉）

「教室環境」づくり

1　子どもたち自身に教室環境づくりに関わらせる

　クラスが安定するために，担任として様々なものを用意し，教室環境を整えることは大切です。しかし，高学年になったら，「オーナーシップ」と言われるような教室環境に対する参画意識を高めることで，さらにクラスが安定していきます。

　例えば，「教室環境をどんなふうにしたいか」「教室にどんなものがあるとよいか」という話し合いを行い，実際にその環境を子どもたち自身がつくっていったり，維持していったりします。

2 　生活と学習を支援する「ヘルプセンター」を設置する

　忘れ物があったときや，授業時間にすきま時間ができたときに，子どもたちを支援する「ヘルプセンター」を設置します。忘れ物に対する指導は，それぞれの教室で違うと思いますが，子どもたちが安心して学習できるための環境を整備しておきます。ヘルプセンターには，次のものを置きます。

・文房具　　…鉛筆，消しゴム，赤鉛筆，ミニ定規の4点
・プリント類…自主学習プリント，裏が利用できる配付済みプリント
　　　　　　　1週間分のおたよりの余剰分，ノートの4点

　5年生ですから，管理は子どもたちに任せます。例えば，「借りた鉛筆は，必ず削って戻す」「プリント類がなくなっていたらそのままにせず先生に補充を依頼する」といったことです。

3 「個人目標」を通して成長できる掲示の工夫をする

　多くの教室では，学級目標だけではなく，個人目標もつくられているはずです。その際，２つのことを意識して目標を掲示し，個人目標がより子どもたちの成長に生かせるようにしていきます。

　まずは，「学級目標を掲示する高さ」を意識します。できるだけ子どもたちの目の高さに合わせて掲示するのです。５年生になったとはいえ，「個人目標は何？」と聞かれても，「あれっ，何だっけ？」という子もいます。目に触れやすい高さにしておくことが大切です。

　そして，個人目標をつくりっぱなしにするのではなく，「定期的に振り返り，成長に生かせるものにすること」を意識します。下の写真では，個人目標の掲示物の下の小さな用紙に，月ごとに個人目標の達成度を数値で自己評価し，記入しています。

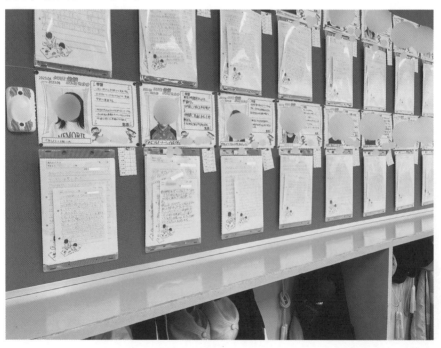

4 ワクワクや温かさが生まれるアイデアを生かす

　5年生になれば，低学年や中学年と違って，教室環境に頼って過ごす部分が減ってきます。また，自分たちで判断して教室環境を整えられることも多くなります。その分，子どもたちがワクワクすることや，温かさが生まれるような教室環境をつくります。そうすることで，さらにクラスが安定していくはずです。

　例えば，空いている黒板を使って「落書きスペース」をつくったり，使わなくなったカーペットを持ち込んでクッションを置いたりします。下の写真は，子どもたちが日替わりでカメラマンを担当し，撮影したものを掲示しているコーナーです。子どもたちにもアイデアを聞きながら，子どもたち自身で教室環境をつくっていくことを大切にします。

（大野　睦仁）

「日直」のシステムづくり

1　日直の仕事の負担を見直す

　日直として，どんな役割を，どんな人数で，どのように回していくかは，それぞれの教室なりの考え方や，やり方があります。ただ5年生になると，人前に出たり，1人で前に出て話をしたりすることに抵抗感をもつ子が増えてきます。あるいは，委員会の仕事があって思うように仕事ができなくなることも増えてきます。こうした部分に配慮したシステムにすると，どの子も安心してクラスの仕事に関わっていけるようになります。

　例えば，日直を1人や2人で担当するのではなく，グループで担当していく方法があります（前日や朝のうちに，グループ内で日直の仕事の分担と確認をしておきます）。朝の会や帰りの会の司会も，プログラム内容をタブレットからテレビに映し，自席のままで司会をする方法もあります。

2 「プラス1」をつくり出す

これまで，日直の仕事は担任が決めたものに取り組んでいたはずです。しかし，高学年になると，それでは日直の仕事を「やらされている」と思うようになってきます。そこで，子どもたちと，日直の仕事の必要性をまず見直します。その中で，必要ないものはなくし，あった方がよいものは増やしていき，子どもたちが納得しながら取り組めることを大切にします。

また，「やらされている」感をなくすために，決まっている仕事以外のことを「プラス1」として，取り組みます。「昼に担当以外のところを掃除する」とか，「朝の会で気に入っている本を紹介する」とか，日直の自分たちが楽しんだり，やりたいことをできたりする役割を仕事に位置づけます。下の写真は，「プラス1」で英単語を紹介しているグループです。

（大野　睦仁）

「朝の会・帰りの会」のシステムづくり

1　朝の会の「チェックイン」から1日をスタートする

　朝の会の1つのメニューとして「チェックイン」というプログラムを入れます。ワークショップなどの場では，参加者が互いの状況を把握したり，ワークに参加するために気持ちを整えたりする時間と言われています。これを教室に持ち込みます。グループで「チェックイン」をし，一人ひとりが今朝はどんな思いでいるのかを話します。そうすることで，自分の思いを受け止めてもらえたという実感から学校の1日をスタートさせることができます。

　「チェックイン」の時間になったらグループで集まり，提示されたテーマや今朝の自分の状況，時間割を見ながら楽しみや不安などを対話します。

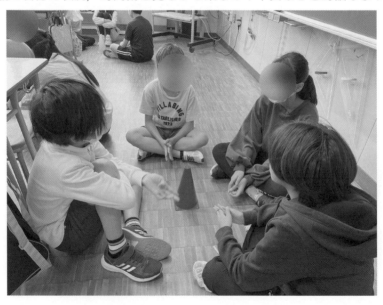

2 帰りの会の「チェックアウト」で1日を終わる

　朝の会の「チェックイン」で1日をスタートさせたので，帰りの会の「チェックアウト」で1日を終わらせます。ホテルを出るときに「チェックアウト」するように，教室から離れていく自分の状態を，言葉や合図などで自己評価します。そうすることで，今日1日の自分の気持ちを整理します。

　Google フォームなどのアンケート機能を使って，今の気持ちを「1・2・3・4」で自己評価してもらうと，子どもたちの状況を知ることもでき，指導に生かせます。高学年になると，こうした配慮が必要になってきます。アンケートをつくるのが難しければ，その場で親指による自己評価をします。「上に向けたら4／横に倒したら3／下に向けたら2／親指を上げずにいたら1」などの仕組みを決めておきます。その後，グループやペアで1日を振り返る対話をします。持続可能な形にしておくことが大切です。

（大野　睦仁）

「給食当番」のシステムづくり

1　「チャレンジデー」で食を広げるきっかけをつくる

　5年生にもなると，好き嫌いがはっきりしてきて，偏食や食べられる量が固定化されてくる傾向があります。しかし，様々な食べ物に触れることや，食べられる量を少しでも増やすことは大切にしたいものです。

　そこで，子どもたちと話し合いながら「チャレンジデー」を設定します。いつもは減らして（残して）しまうけれど，何か多めに食べてみることに挑戦する日です。ただ，給食指導は，子どもたちへの心理的負荷が大きくなる場合があります。給食の前後に「今日はどんな挑戦をしますか？」「今日のチャレンジデーはどうだった？」と声をかける程度にします。

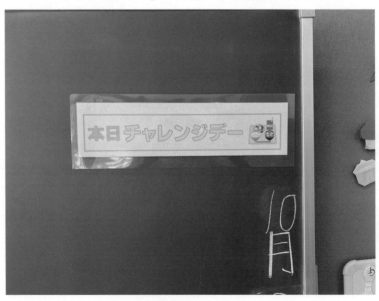

2 配膳の待ち時間は「ランチミーティング」で過ごす

　全員分の配膳が終わるまでには時間差が生まれます。その間，どうやって待つかということを明確にしておく必要があります。読書などをして待つという取組もありますが，手を洗った後なので，できるだけ避けるようにします。そこで，配膳が終わるまでを，企業の取組としてもよく聞かれる「ランチミーティング」の時間として過ごすようにします。

　「係で集まって打ち合わせをする日」「委員会メンバーで活動を振り返る日」「グループで対話をする日」「近くの人と自由対話をする日」など，通常の生活班や学習班ではなく，ランチミーティングをするメンバーで，一時的に席移動をして給食を食べると，より「ランチミーティング」らしさが出てきます。

3 「公平性」を意識したおかわりシステムを敷く

　おかわりシステムは，「公平性」を意識したものにします。例えば，早く食べ終わった子どもが有利になるシステムを敷いていた場合，「強い者，早い者が優位」という価値観が，給食時間に限らず学級全体に広がってしまいます。給食は毎日あることなので，毎日その価値観が積み重ねられていくからです。

　このことを意識しながら，次のようなシステムを敷きます。

①ある程度時間が経ってからおかわりを始める。

②食べきっていなくても，時間内で食べ終わることができるのであれば，おかわりはできる。

③数が少ないものはじゃんけん。一度じゃんけんに参加した人は，別の給食のおかわりじゃんけんには参加できない。

4　給食時間に楽しさを持ち込む

　5年生になれば，給食の準備も片づけもスムーズにできます。マナーも身についているはずです。それらの力や経験をベースにして，楽しさのある取組をします。例えば，全員が窓の方を向いて外を見ながら食べてみる，アウトドアのテーブルにおしゃれなテーブルクロスを敷いたものを用意する，グループで自分たちの席から離れてそのテーブルで食べる，といったことです。他にも，日替わりで「おかわり優先グループ」を順番に設定してだれよりも先におかわりができる取組や，グループでじゃんけんをして，勝ったグループの分を他のグループが片づけるという「片づけ天国と地獄じゃんけん」などがあります。「こうしたことができるのは，みんなが給食時間にしっかり取り組めているからです」と価値づければ，自分たちの成長を実感することもできます。

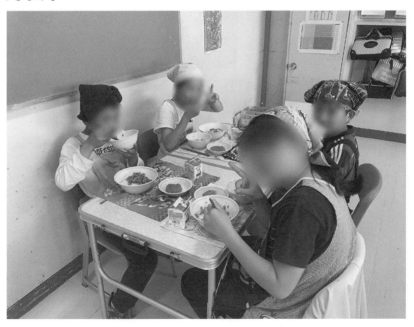

（大野　睦仁）

「掃除当番」
のシステムづくり

1　掃除当番を見直し，子どもたちの意識と意欲を変える

　5年生にもなれば，掃除当番の必要性は理解しながらも，面倒くさい気持ちが先に立つことがあります。クラス替えがあると，それぞれのクラスで掃除のやり方が違う場合もあるので，このタイミングを生かし，掃除当番を見直します。例えば，5年生らしい「速さ」と「丁寧さ」を目指すにはどうしたらよいかという視点や，本当に必要な掃除（箇所）となくてもよいかもしれない掃除（箇所）はないかという視点で見直します。

　その結果，4年生までの掃除のやり方とあまり変わらないかもしれませんが，決められた掃除当番をそのままやる場合と比べて，間違いなく子どもたちの意識と意欲に違いが出ます。この後も定期的に見直しをするようにします。

2　つけたい力や経験を考慮して当番のやり方を決める

　掃除当番には様々なやり方があります。ルーレットの当番表に沿って班ごとにやるやり方，1人1役でやるやり方，自分の担当箇所を固定しそこでの掃除のプロを目指すやり方，ボランティアだけで掃除をするやり方，などです。どの方法にもメリットとデメリットがあり，万能なやり方はありません。学校や学年でそろえて取り組む場合もあります。

　例えば，下記のような1人1役の掃除当番ならば，自分のやるべきことが決まっているので，作業の見通しが見えないと不安になる子にとっては安心して掃除ができます。また，どの子も同じように清掃箇所の責任と仕事量がつくり出せます。クラスづくりで大事にしたいことと照らし合わせながら，掃除当番のやり方を決めていきます。

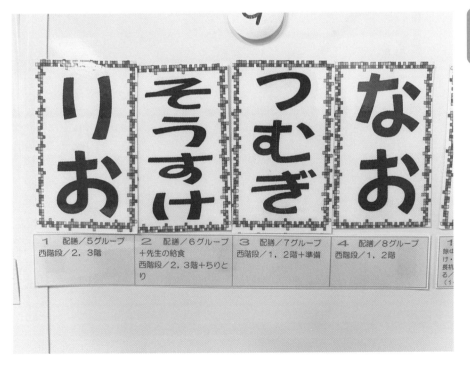

3 がんばりを評価し合う「ピカイチ」制度を導入する

　学級が安定するためには，掃除当番で真面目に取り組めている子がまわりから評価されることが大切です。しかも，担任からの評価ではなく，子どもたち自身で評価し合えるようにします。この評価し合う仕組みを掃除当番の1つとして位置づけてシステム化し，継続できるようにしていきます。

　「ピカイチウォッチャー」は，掃除時間の友だちのがんばり「ピカイチ」を見つけることを掃除当番として担っている子です。もちろん他の掃除当番と兼務で構いません。できれば複数で担当するよりも1人に任せた方がよいですが，クラスの実態に合わせて担当人数を決めます。掃除当番中に見つけた「ピカイチ」は，どこかに名前を掲示しておいたり，帰りの会や，翌日の朝の会，学級通信などで紹介するようにします。

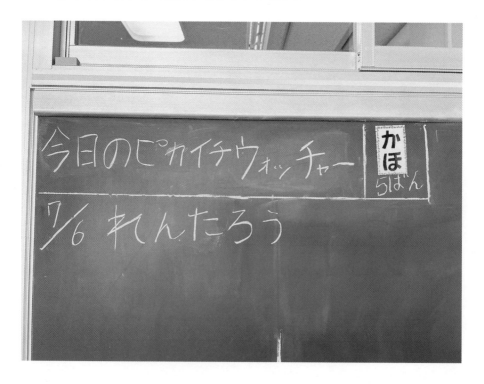

4 「○○重点 WEEK」で掃除当番を活性化する

4月当初はやる気満々で取り組んでいた掃除当番も，1か月も経てば，だんだんおざなりになっていきます。これはある程度仕方ないことです。しかし，クラスを安定させていくためには，こうした状態に対して手立てをもつことが必要です。その1つが「○○重点 WEEK」です。

「○○重点 WEEK」では，2か月に1回程度，掃除当番に関することを重点的に取り組みます。例えば，「時間重点 WEEK」であれば，その1週間は清掃時間を計測し，毎日振り返ります。あるいは，「教室の四隅クリーン重点 WEEK」では，教室の隅々まで掃除ができているかを毎日振り返ります。こうしたことに定期的に取り組むことで，掃除当番を活性化していきます。その1回目を4月に取り組むと，1年間の見通しがもてます。

（大野　睦仁）

「係活動」
のシステムづくり

1　係活動の時間を確実に確保する

　係活動は，クラス全体の文化を高める活動です。主体的に探究的な活動に取り組むという側面もあり，5年生になっても大切にしていきます。

　係活動を充実させるために最も大切なのは，そのための時間をしっかり確保することです。休み時間や，子どもたちが時間を見つけて，係活動に取り組む形だけにすると停滞しがちです。休み時間に委員会活動などが入ってくる5年生ではなおさらです。ただ，5年生になると，係活動の時間を確保するのが難しいということもあります。前述のランチミーティングを使ったり，時間のやりくりで定期的にある程度まとまった時間を確保できるようにしたりします。

2　係の人数を調整して活動の充実を図る

　係活動が停滞してしまう原因の１つとして，時間の確保以外に，１つの係における人数の問題もあります。１つの係に対して所属する人数が多いと，自分のやるべきことがなかなか見つからなかったり，少なかったりして，充実度が下がってしまうからです。一方で係活動は，決められた人数ではなくできるだけ自分のやりたい係を選んで取り組めるようにした方がよい活動になっていきます。

　そこで，希望者が多かった係は，２つに分けます。例えば，新聞係を５人が希望していたなら，新聞Ａに３人，新聞Ｂに２人とします。２人で取り組むのが難しそうであれば，５人で１つの係に取り組むしかないですが，基本的に１つの係は，３〜４人で取り組めるようにするのがよいでしょう。

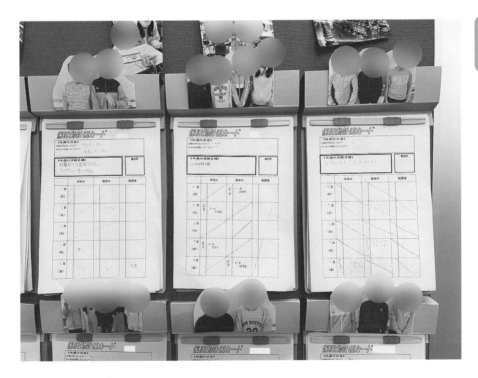

3 自己評価を数値化した計画表を用いる

　5年生として，やりっぱなしを積み重ねていくのではなく，自分たちの活動を振り返り，次の具体的な目標につなげていくという係活動にしていきます。そのために，係活動を行う前に，計画を立てるようにします。計画表には，下の写真のように，1週間分の計画を立てます。それ以上の計画は，見通しを立てづらくなります。

　計画表には，「先週の反省」「獲得点数」「今週の目標」「具体的な活動内容と分担」のスペースをつくります。点数を書き込むのは，自分たちの活動をなんとなく振り返るのではなく，数値化して振り返ることで，客観的な視点が生まれやすくなるからです。また，計画を立てる際は，前週の振り返りとあわせて行い，掲示しておきます。

4 「係コラボ」で活動をレベルアップする

　4年生までと同じような進め方をしていくのではなく，5年生として，係活動のレベルアップを目指していくことを子どもたちと共有します。どんなことをすればレベルアップになっていくかを子どもたちと話し合いながら考えて進める一方で，担任からは，「係コラボ」を提案します。複数の係が合同でイベントなどの企画を立てる取組です。

　いきなりすべての係ではできないですが，担任がサポートしながら，できそうなコラボから，まずはやってみます。例えば，お笑い係の練習の様子を掲示物係の子どもたちが写真を撮り，それを使ってお笑い発表の告知をします。係同士で話し合いをするので，調整し合う力などがつき，今までにない取組なので，子どもたちにワクワク感も生まれます。

（大野　睦仁）

クラスメイトはどんな人かな？
予想をしながら自己紹介

⏰ 時間	**10分**	✏️ 準備物	●タブレットまたはホワイトボード

ねらい

　質問に対する友だちの答えを予想し，相手の気持ちを考える活動を通して，新しい仲間との親睦を深める。

1. ルールを理解する

　今から，グループの中で自己紹介をしてもらいます。1人3つずつ好きなことや得意なことなどを話してもらいますが，自己紹介をする前に，自己紹介をする人以外のグループのメンバーには，その人の好きなことなどを予想してもらいます。まずはグループで順番を決めてください。

2. 質問に対する答えを予想する

　では，1番目の人に話してほしいことは「好きな給食のメニュー」「好きな教科」「好きな遊び」の3つです。それでは自己紹介をする人以外のメンバーは，それぞれどう答えるのかを予想して，タブレットに書きましょう。

　うーん，何かなぁ。　好きな教科は…。

3. 自己紹介をする

 予想を見せ合いましょう。予想はあたるでしょうか？　それでは1番目の人は自己紹介をしてください。

 私の名前は○○○○です。好きな給食のメニューはカレーです。好きな教科は国語です。なぜなら漢字が得意だからです。好きな遊びはドッジボールです。1年間よろしくお願いします！

 あ〜，全部はずれた！

 私は1つ当たったよ！

4
月

好きな給食の
メニューはカレーです。
好きな教科は…

やった，
1つ当たった！

＼　プラスα　／

　上の例では教師から話す内容を指示していますが，子ども自身に3つ何を話すのかを決めさせてもよいでしょう。

4
April

クラスメイトと同じところを探そう！
共通点探し自己紹介

🕐 時間 **10分**　　📝 準備物 ●自己紹介シート

ねらい

　自分の好きなものなどを紹介し合い，クラスメイトとの共通点を知ることを通して，仲間との親睦を深める。

1. 自己紹介シートを作成する

 今配った自己紹介シートに，自分の好きなものなどを書いていってください。

 好きな給食は…。

 嫌いな教科も書くんだね。

2. グループで自己紹介をし，共通点を探す

 シートを見せ合いながらグループで自己紹介をしましょう。
そのとき，共通点があれば何人と同じだったかわかるように，メモをしておきましょう。

 見せて見せて。あっ，好きな給食のカレーが一緒だね！

3. クラス全体で自己紹介をし，共通点を探す

 では，クラス全体で自己紹介をしましょう。たくさんの人と自己紹介ができるといいですね。

 すごい！　2つ共通点があったよ。よろしくね！

 算数が好きなんだね。ぼくは逆に算数が嫌いなんだ。

4. 見つかった共通点を発表する

 見つけた共通点を教えてください。

 体育が好きな人を4人見つけました。

 好きなテレビ番組が一緒の人がいてうれしかったです。

 逆に「これは私1人だった」というものもありましたか？

 給食の○○○○が好きだけど，これは私1人でした。

＼ ポイント ／

　共通点が見つかりやすいよう，自己紹介シートの「好きな○○」の項目は多く用意します。ただし，書きづらい項目があれば無理には書かせません。共通点が見つからなくても「これは私1人だった」のように取り上げると，盛り上がります。

アイスブレイク，仲間づくりの学級あそび

○○と言えば？　気持ちを合わせよう！
テレパシーゲーム

🕐 時間　**5分**

📝 準備物　●タブレットまたはホワイトボード

ねらい

お題について相手が考えていることを想像する活動を通して，お互いに興味をもち，親睦を深める。

1.ルールを理解する

今から「テレパシーゲーム」をします。先生から「赤い野菜と言えば？」というようにお題を出します。そのお題に対する答えをグループの他のメンバーに見えないように書いてください。「せーの！」のかけ声で，一斉に自分が書いた答えを見せます。みんなの答えを想像してグループ全員の答えをそろえましょう。

2.ゲームを行う

では，実際にやってみましょう。
お題は「人気の教科と言えば？」です。

人気の教科かぁ…。

きっとあれだ！

それでは，答えを一斉に見せ合いましょう。せーの！

 やったー，全員そろった！

 さて，次は全員がそれぞれ違う答えになるように考えてください。
お題は「家で飼う生き物と言えば？」です。

 今度はそろっちゃいけないんだね。

 （犬はだれかが書きそうだから違うのにしよう…）

＼ ポイント ／

　グループの中で1人がそろわなかった場合，その子が悲しい思いをし
ないようにまわりの配慮が必要です。ゲームの前に「どうすれば楽しく
ゲームができるかな？」などと話し合うとよいでしょう。また，そろわ
なくてもよい雰囲気でゲームが行えているグループを全体に紹介するの
もよいでしょう。

4
April

口の動きを見逃すな！
ミュートインタビュー

 時間 | **10分**

 準備物 | ●タブレットまたは紙

ねらい

　無音のインタビューを通して，楽しい雰囲気の中で，クラスメイトの好きなものなどを興味をもって知ろうとする態度を育む。

1. ルールを理解する

> 今から１人前に出てきてもらい，みんなからインタビューを受けてもらいます。「好きな食べ物は何ですか？」などの質問に答えてもらうのですが，答えるときは声を出さず，口の動きだけで伝えてください。１人に３つの質問をします。口の動きで何と答えているのかタブレットにメモしましょう。挑戦したい人はいますか？

2. インタビューを行う

> では，質問をしたい人はいますか？

> 好きな給食のメニューは何ですか？

> （声を出さず口の動きで伝える）

学校で休み時間に，よくすることは何ですか？

 （声を出さず口の動きで伝える）

 何と答えていたかわかったかな？

 好きな給食はカレーだと思うけど，2つ目がわからなかった…。

 ○○さん，何と答えていたか教えてください。

 やったー，全部当たってた！

 グループでも同じようにインタビューしてみましょう。

\ ポイント /

　グループで行うとき，どんな質問をすればよいか質問例を黒板に示しておけば，インタビューをする際や答える際に安心して取り組むことができます。また，口をはっきりと動かすことは，どの教科の学習でも大切である音読活動で効果を発揮します。

「…なのは何人？」をみんなで考えよう！

人数当てゲーム

🕐 **時間** 10分　　📝 **準備物** ●ホワイトボードまたはタブレット

ねらい

　お題に該当するクラス内の人数をグループで対話しながら考える活動を通して，話し合いの素地をつくる。

1. ルールを理解する

今から「人数当てゲーム」をします。例えば「昨日自転車に乗った人」というようなお題を出します。このお題にクラスで何人の手があがるかをグループで話し合って予想してください。

2. ゲームを行う

はじめのお題は「昨日スーパーで買い物をした人」です。ではグループで人数を考えてください。グループの中でなら，自分が昨日スーパーで買い物をしたのかどうかは話してかまいません。

みんなは昨日スーパーに行った？　私は行ったよ！

ぼくは行ってない。ということはグループでは２人か。
全体では何人だろう…？

だいたい15人ぐらいじゃないかな？

うまくいくコツ
話し合いが上手なグループを全体に紹介する。

3. 人数を発表し，答えを確認する

 では，「せーの」のかけ声の後に答えを見せてください。せーの！

 隣のグループと全然違う人数だ！

 では，昨日スーパーで買い物をした人は手をあげてください。
1，2，3…，全部で18人です！

 惜しい，1人差だった！

4月

\ ポイント /

　ぴったりの人数を当てるのが難しい分，ぴったりだったときの喜びが大きく，グループの結束も高まります。ただし，なかなかぴったりにならないと話し合いへの意欲も高まらないので，「1番近かったグループが10点，次に近かったグループが9点」など，すべてのグループに得点を与えるルールにすると，人数が違ったとしても楽しめます。

だれのしっぽをねらう？

条件つきしっぽ取り

時間	10分	準備物	●スズランテープまたは鉢巻

ねらい

クラスの班や委員会など条件を指定されるしっぽ取りを通して，仲間意識や所属感を高める。

1.ルールを理解する

今から「しっぽ取り」を行います。腰に２本鉢巻をつけてください。スタートの合図でだれのしっぽを取ってもかまいません。しっぽを取ったら自分の腰につけてください。０本になってもゲームを続けてしっぽを取り返せるようがんばってください。

2.ゲームを行う

ではいきます。よーい，スタート！

うまくいくコツ
１分など時間を短めに設定する。

わー，逃げろー！

終了です，集まってください。何本しっぽが集まりましたか？

3.ルールを変えてゲームを続ける

次はルールを変えます。スタートのときに先生がしっぽを取っていい人を指示したらスタートです。例えば「同じ班の人」のような指示を出すので，その人のしっぽを取りに行きます。
ではいきますよ，よく聞いていてくださいね。同じ委員会の人！

あれっ，だれが委員会一緒だったかな…？

あっ，いた！　あそこだ！

（サンバ先生）

＼ ポイント ／

　このゲームは非常に楽しめる反面，トラブルにもなりやすいです。「取ったしっぽをつけている間はねらわない」「腰から出すしっぽの長さは膝までの長さ」など気をつけるポイントを教師から説明してもよいですが，子どもたちに「どんなトラブルが起きるかな？」と考えさせたり，トラブルが起きた際に「どうすればみんなが楽しめるようになるかな？」と子どもに話し合わせたりしてもよいでしょう。子どもたちに考えさせると時間がかかることを懸念される方もおられると思いますが，4月の段階で「学級のルールは自分たちで考えていくんだ」という雰囲気をつくっていくことは，高学年において非常に大切です。

5月の学級経営のポイント

1 一人ひとりをよく見て，変化を察知する

5月に入ると，子どもたちも学級の生活に慣れてきます。新しい友だちができ，担任とも親しくなってきます。学級のシステムにも慣れてくるので，毎日がスムーズに過ぎていくようになります。

この時期は，子どもたちも慣れてきますが，実は担任が学級や子どもたちに慣れてくる時期でもあります。すると，慣れからくる安心感によってつい油断してしまうことがあります。油断して，「スムーズに活動できているから，何も問題ないだろう」と思ってしまうのです。問題ないと思ってしまうと，そういう目で見るようになりますから，余計に問題が見えなくなります。

しかし，5月は子どもたちの心が意外に不安定になる時期です。4月は気が張っていて気づかなかった新たな不安感や，友だち関係の難しさに気づく時期です。大型連休の後は特にそうです。

油断している自分を戒め，もう一度子どもたちをよく見て，ちょっとした変化も見逃さないようにしたいものです。

2 不適切な行動を叱り，感情は受容する

子どもたちと出会ったばかりのころは，なるべく子どもたちの言動を肯定的に捉えるようにしていたと思います。しかし，いつまでもそうはいかないものです。叱るべきときには叱らなければなりません。

とはいえ，いきなり対応を変えると，子どもたちも戸惑うでしょう。そこで，次の2つのことを心がけるようにします。

1つは，「クラスにも慣れてきたと思うので，5年生としての自覚をもってもらうために，叱るべきことはきちんと叱るようにする」と伝えることです。

もう1つは，実際に叱る際には，子どもたちの「行動」のみを叱るということです。そして叱られるような行動をとってしまった子どもたちの「気持ち・感情」は理解するよう努めるということです。別の言い方をすれば，「やったことはよくないが，気持ちはわかる」と受容することです。気持ちを受容してもらうことは，存在を受容してもらうことにつながるので，子どもたちも素直な気持ちで先生の話を聞くことができます。

3 耐えることの 大切さを教える

世の中には，耐えた末に楽しくなることや我慢した末にできるようになることがあります。スポーツでも楽器でも，練習そのものはあまりおもしろくありません。むしろ，辛さやつまらなさに耐えることが必要です。しかし，その耐えた先に楽しさや成長があるものです。

近年，子どもたちは耐えることや我慢することがあまり得意ではありません。でも，それではもったいないし，成長の機会も少なくなります。耐えることの大切さを折に触れて子どもたちに伝えていきましょう。学級が成長するためにも必要なことです。

4 子どもたちの心身の 健康に気を配る

近年は，5月ともなると暑さはかなりのものです。5月に運動会を行う学校では熱中症対策にかなり気をつかうのではないでしょうか。また，大型連休の後には，学校に適応できずに不登校になる子も増える傾向にありますので，このように，この時期は子どもたちの心身の健康に特に気を配る必要があります。

学校で予定されている教育相談週間などの他にも，学校生活に対するアンケートなどを行って，子どもたちの心身の健康に気を配っておくとよいでしょう。普段から養護教諭との連携も深めておきましょう。

（山中　伸之）

5月

委員会の当番をやらなかったのは
責任感が足りなかったね。
でも，サッカーをやりたかったっていう
君の気持ちはわかるよ。

GW 明けの
チェックポイント

生活面	□教室の床にごみが落ちている □ごみ箱まわりが汚れている □放課後の靴箱が乱れている □席を離れるときにいすをしまっていない □教室の棚が整理整頓されていない □集合・整列が素早くできない
学習面	□いすを斜めにしたり，横向きにすわったりしている □号令の声がそろわず，元気がない □私語が多い □体を向けて話を聞いていない □友だちの発言に対する拍手などがない □不要な文房具を持って来ている
対人面	□パッと少人数のグループをつくることができない □敬称をつけて名前を呼ばない □廊下で溜まっている子がいる □休み時間に1人になっている子がいる □わがままを押し通す子がいる

1 生活面

　ゴールデンウィーク明けの数日は，「2度目の学級開き」と言っても過言ではありません。

リズムの取り戻し方をこの数日で確認しなければ，夏休み明けや冬休み明けにも影響しかねないと考えてください。

　特に，教室内のごみの状況と靴箱の乱れには十分注意しましょう。ごみ拾いは，子どもたちの注意力を高めるだけではなく，「教室全体のことは自分のこと」という心構えをつくります。また，下校時の心の乱れは靴箱に出ます。落ち着いた生活を心がけたいものです。

2　学習面

　この時期は，まだ学習規律やルールが固まりきっていないと言ってよいでしょう。何度も確認することをおすすめします。

　大切にしたいキーワードは「姿勢」です（「すわり方」とも言えます）。学習に向かう態度面のチェックポイントとして，いすのすわり方やその姿勢を確認しましょう。

　「姿勢が学習を決める」と言っても過言ではありません。ゴールデンウィーク明けは，学習面でも１年間の方向性を決める大切な時期です。

3　対人面

　地域や学校規模にもよりますが，５年生の人間関係が６年生まで尾を引くことは十分に考えられます。ですから，「だれとでも大丈夫」という安心感の中で６年生に進級させたいところです。

　５年生の４月は，まだ４年生の名残で「呼び捨て」で呼ぶことも多いでしょう。ゴールデンウィーク明けは，改めて名前の呼び方からお互いを大切にすることを提案してみましょう。

（古舘　良純）

春の運動会
指導ポイント&
活動アイデア

1 　指導ポイント

☑ 整列や集団行動で魅せる

他の学年の注目を浴びるほどの整列や集団行動を目指し，４月から練習に取り組むことで，高学年の自覚をもたせる。

☑ 「自分事」として練習に取り組ませる

「やらされる」練習ではなく，運動会に向けての毎時間を自分たちで目標に向かって取り組めるようにする。

☑ 運動会を盛り上げる工夫を考えさせる

６年生を助け，それぞれの立場で運動会を盛り上げ，成功させるためにはどんなことができるかを考える機会をもつ。

☑ 演技や競技で成長をアピールできるようにする

高学年の力強さやスピード感を，観ている人にアピールできる演技，競技を選択し，練習でも意識して取り組めるようにする。

☑ 委員会活動の仕事を活性化させる

運動会の役割は委員会の仕事と連動していることも多いので，いま一度その仕事を活性化させることで運動会につなげる。

2 活動アイデア

①目標の明確化

　5年生は，自分たちの出番にプラスして，応援団や係の仕事など全体に関わる動きも多くなります。自分たちの演技や競技，それぞれの役割と，すべてに全力で向かい，思い出深い運動会にしてほしいものです。

　しかし，はじめての経験にうまく立ち回れない子も出てきます。たくさんある役割や出番，その一つひとつに余すことなく全力で向かうべく，目標設定シートなどを作成してみましょう。それぞれの果たすべき責任や目標を事前に整理しておくことで，練習，準備，そして本番へとつなげていけるようにすることがねらいです。

　本番に向けて，途中で振り返りをしたり，時には目標を修正したりしながら，より子どもたち自身の願いに寄り添ったものにしていきましょう。

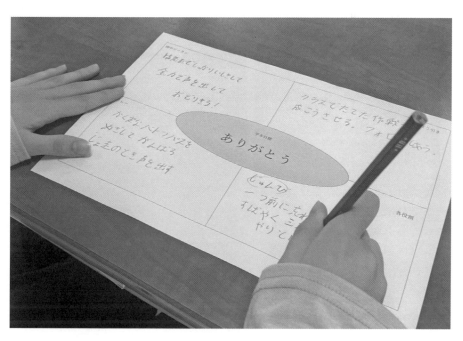

②運動会を盛り上げる

　運動会を盛り上げるのも高学年の大切な役割です。例えば，ポスターづくりをして，運動会への機運を盛り上げてみましょう。ポスターをつくることで，運動会の目的や願いを再確認することにもつながります。校内の児童に向けて，保護者の方に向けて，地域の方に向けて，それぞれ内容を変えていくのもよいですね。校内用にはスローガンや運動会への意欲を高めるものが中心となります。保護者の方には運動会の見どころや日頃の感謝，地域の方には日頃よりお世話になっていることへのお礼の思いを込めたいものです。

　また，運動会当日，雰囲気を盛り上げるために，グッズを作成するのも楽しい活動です。購入すれば高価なものもありますが，身近にあるものを使って手軽につくることも可能です。

・メガホン（画用紙などで作成します）

・うちわ（うちわにスローガンや個人の目標を書き入れます）

・ポンポン（手首などに固定できるものだと手がふさがりません）

　全体を意識して活動ができるようになると，高学年の仲間入りです。

③子どもたちに練習を委ねる

　5年生では，委員会活動や授業，宿泊学習など様々な機会を通じて，指示待ちではなく，主体的に動く力を育んでいきたいものです。

　運動会は，その絶好の機会です。「やらされている」といった受け身の時間から，「こうなりたい」という自分で歩みを進められる時間にしていきましょう。もちろんすべてを子どもたちに丸投げできるわけではありません。子どもたちの実態に応じて，委ねる部分を設定していきます。例えば，次のようなことが考えられます。

・団体演技の一部に，子どもたちが考えたことを取り入れる
・団体演技の練習で，グループ練習の時間を取る
・団体競技の練習や作戦を考える時間を取る
・練習後の振り返りの時間を実行委員中心で進める

　同時に，教師は時間や場所のコントロール，うまくいっていないグループのフォローなどを行うことも忘れてはいけません。

（垣内　幸太）

国語

校歌に込められた
思いを読み取ろう！

1 授業の課題

> 次の詩の２つの⬚にあてはまる言葉は何でしょう。
> ※いわき市立郷ケ丘小学校の校歌の一番と二番の冒頭
> の一節を空欄にして，最初の４行ずつだけ提示する
> （校歌であることは伝えない）。

2 授業のねらい

詩の言葉を吟味し，児童に向けたメッセージを読み取る活動を通して，自校の校歌に込められた思いを感じ取る。

3 授業展開

①空欄に当てはまる言葉を考える

　２つの空欄に当てはまる言葉を考え，全体で交流します。

C　知らない景色が見えてきたり，空の青さが深くなったりしているから，最初の方は，「旅に出る」じゃないかな？

C　でも，遠くへいく「みたい」と比喩表現が使われているから，旅行そのものではないと思います。

②校歌に込められた思いを読み取る

　ある程度意見が出そろったところで，詩の続きを示します。一番には「教室」，二番には「学校」という言葉があることに気づくと，次のような会話が生まれます。

C　なんだか校歌の一番と二番みたいじゃない？
C　だとすると，一番は勉強のことだから，最初の方の空欄は「考える」，二番は友だちのことだから，後の方の空欄は「仲良くする」になるんじゃないかな。

　ここで，これは福島県にある小学校の校歌であるということを子どもたちに伝え，歌詞の全体を示します。

T　作詞者である谷川俊太郎さんは，どんな小学校や教室になってほしいと思ってこの詩を書いたのかな？　また，先生方や保護者の方からどんな詩をお願いされたのかな？

　子どもたちは「たくさん学んでほしい」「みんなで仲良く力を合わせてほしい」など，それぞれが作者の思いを想像して話します。

③自校の校歌の歌詞を読み取る

　今度は，自校の校歌の歌詞を提示します。

T　みんなの学校の校歌を作詞した方や先生方，保護者の方は，どんな思いや願いをもっていたのかな？
C　やっぱり，いっぱい学んで，元気に過ごしてほしいと思っています。
C　改めて見てみると，うちの校歌もいい言葉が並んでいるなぁ。

（宍戸　寛昌）

算数

4を4つ使って，答えが0〜9になる式をつくろう！

1 授業の課題

> $4\square4\square4\square4=\bigcirc$
>
> □には＋，−，×，÷のどれかを入れます。○には0〜9が入ります。
> 0〜9の答えになる10種類の式を完成させましょう。

2 授業のねらい

　自分で考えたり友だちの考えを聞いたりしながら，協働的に学ぶことの楽しさやよさを感じ取る。

3 授業展開

①題意を理解する

　□には，どの演算記号を入れてもよいことを話します。ルール通りではない例を示すことで，ルールを再確認します。

T　ルールがわかったかな？　では，ちょっとやってみるね。4＋4＋4＋4にしてみるよ。これだと答えは？　そうだね，16になるね。これでよさそうですか？
C　答えは0から9だから，これだとルールを守っていないことになるよ。

T これではだめなんだね。では，自分で少し考えてみよう。

②自力解決の後，全体で考える

　自力解決の時間を取りますが，ここでは1人で10種類の式を求めることが目的ではないので，時間を長く取り過ぎないようにします。1人ではすべて求めることはできなかったけれど，友だちと一緒だとたどり着くことができるという経験をさせたいからです。

C 4＋4＋4－4＝8になります。
C 私も答えは8だけど，式が違います。
T 違う式でも同じ答えになるんだね。他にも，同じ答えで式が違う人はいますか？　答えの出し方がいくつもあっておもしろいですね。これはつくれなかったというのがある？
C 答えが7はつくれないな…
C 4＋4は8だから，8－1にすれば7になるよね。4を2つで1にするには…，あっ，できた！

③問題を自分たちで発展させる

　すべては無理でもいくつかの式はつくることができた充実感と，みんなで考えれば10種類すべてつくることができたという協働のよさを実感した子たちに，もう1つ味わわせたいことがあります。それは，自分たちで問題を発展させていく経験です。

T みんなで力を合わせれば，10種類すべて見つけることができたね。
C 他の数字でもやってみたい。
C 今度は4じゃなくて5が4つとか，4を5つとか…。
C 答えが11～20にするとか。他にもいろいろできそうです！

（桑原　麻里）

この品種はどこで
つくられているお米かな？

1 授業の課題

> 日本では，どのようなところで，どのような米がつくられているのでしょうか。

2 授業のねらい

和食がユネスコ無形文化遺産に登録されたことや日本全国で米が生産されていることを調べ，日本における稲作の重要性を理解する。

3 授業展開

①新聞記事から「和食」がユネスコ無形文化遺産に登録されたことを調べる

2013年12月4日に「和食」がユネスコ無形文化遺産に登録されたことを，新聞記事を使って調べます。ここでは米の重要性に気づかせます。

T 給食には和食がよく出ますね。2013年の新聞記事を見てみましょう。和食についてどのようなことが書かれていますか？

C 和食がユネスコ無形文化遺産に登録されたとあります。

C 和食にはよくお米が使われています。

②米の品種と主な産地当てクイズに答える

　米の品種と主な産地のクイズをします。プレゼンテーションアプリなどを使ってテンポよく進めていきます。子どもたちになじみのある品種から始めます。ここでは，全ての都道府県で米が生産されていることを意識させます。

（参考：お米マイスター全国ネットワーク HP　http://www.okome-maistar.net/more_3.html）

T　この品種はどこのお米でしょうか？
C　あきたこまちは，秋田県だ！
C　コシヒカリは新潟県が有名だね。
C　ちゅらひかりは沖縄県なんだ。沖縄でもつくっているんだね。
C　東京都にはキヌヒカリというのがあるなんて知らなかったよ。

> 米の品種当てクイズ
> **キヌヒカリ**
> **東京都**

③米の生産量ランキングから，生産量の多い地域を調べる

　すべての都道府県で米が生産されていることから，稲作が日本の農業にとって重要なものであることに②で気づかせます。その後，「米の生産量ランキング」から，新潟・北海道・東北で盛んであることに着目させます。

（参考：米穀安定供給確保支援機構 HP　https://www.komenet.jp/faq/ot_kenbetu.html）

T　米は全国でつくられているけど，生産量が多いのはどんなところかな？
C　新潟県は全国１位だ。雪が多い地方というのは関係があるのかな。
C　北海道が多いのは，広い土地があって水田が多いのかもしれないな。
C　秋田県は東北地方。全体的に涼しい気候の地域が多そうだ。
C　稲作は全国で行われていて，日本にとって大切な産業なんだね。生産が盛んな地域には，理由がありそうだと思いました。

（横田　富信）

親子で「テニピンあそび」を楽しもう！

1 授業の課題

手づくり段ボールラケットを操作しながら，上手に相手に返球するにはどのようにしたらよいか考えてプレーしよう。

2 授業のねらい

用具を操作しながら行うテニス型ゲームに取り組むことを通して，素早く打点に入る感覚やバウンドにリズムを合わせて返球する感覚を養う。

3 授業展開

①親子で段ボールラケットをつくる（QRコード参照）

動画を視聴しながら，親子で段ボールラケットをつくり，親子交流を楽しみます。つくったラケットを使用しながら，テニス型ゲーム「テニピンあそび」をすることを伝え，その後の活動に興味関心をもたせます。

T　動画を見て，オリジナルMYラケットをつくりましょう。
C　イラストは，テニスラケットの絵をかこうかな。

C　私は表側にドラえもん，裏にドラミちゃんをかくよ。

C　簡単だから，家でも弟と一緒につくってみよう！

②友だちとペアでテニピンあそびを楽しむ（QRコード参照）

　　1人テニピンあそび，2人テニピンあそびを紹介し，遊びながら素早く打点に入る感覚やバウンドにリズムを合わせて返球する感覚を養います。

T　まず，1人でボールをついたり，上にあげたりする動きをします。

C　手のひら側（表側）で打つとうまくできるけど，手の甲側（裏側）は難しいな。

C　ひざを使ってリズムよくついたり打ち上げたりするとうまくいくよ。

T　次に，おうちの方と2人で，ラリー（転がし→キャッチあり→直接）をしてみましょう。

C　転がしてラリー10回はすぐにできたよ。

C　キャッチありのラリー10回は難しいけれど，合格したよ。

C　直接ラリーは難しいな。素早くボールのところに移動して，やさしく返すことがコツだね。

③保護者とコロコロテニピンゲームをする

　　最後に子どもチーム対保護者チームでコロコロテニピンゲームをします。ルールは「①ダブルスで行う，②ペアで交互に打つ，③4回続けた後，得点可とする」です。

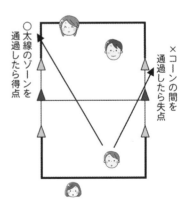

○太線のゾーンを通過したら得点

×コーンの間を通過したら失点

T　どこに打てば得点できるか，打つ場所や強さを考えて，ゲームをしましょう（右図参照）。

C　空いている空間に速いボールを打ち込もう。

（今井　茂樹）

6月の学級経営のポイント

1 集団づくりにじっくりと取り組む

6月は比較的落ち着いて学校生活を送れる時期です。この時期にじっくり集団づくりに取り組めば，その後の学級経営はスムーズになります。集団づくりとは，単に同じ場所に集まっているに過ぎない子どもたちを共通の目的や秩序をもった集団にしていく過程です。そのために次の4つのことを行います。

①目的・目標の共有

学級目標がどのクラスにもあると思います。それが有効に機能しているでしょうか。いつでも全員が意識できるようにします。

②ルールと秩序の存在

生活するうえでの当然のルールや学級独自のルールを明確にしましょう。

③互助・協力

せっかく同じ学級になった者同士，助け合い協力し合うことが必要です。そのような場を数多く設定しましょう。

④所属意識・集団への誇り

自分の学級を誇りに思えることや，学級のために役立っているという意識をもつことで，互いの絆が強くなっていきます。

2 「貢献感」を味わわせる

集団への所属意識をもたせるためには，「貢献感」を味わわせることが有効です。貢献感とは「自分は学級のために役立っている」「自分は学級のだれかのためにがんばることができている」などと感じることです。このように感じることができれば，「自分はこの学級にいてよい」「自分はこの学級に居場所がある」と考えられるようになります。

とはいえ，自信のない子は貢献感を味わうのが難しいことも事実です。そこで，担任から積極的に声をかけて，貢献しているという事実に気づかせてあげるとよいでしょう。

方法は，一見すると何でもない言動に着目することです。例えば，「君が登校してくれて先生はとっても助かってるよ。テストも1回でできたし，病気を心配しないで済んだしね」というように，一見すると何でもない当たり前のことに対して，そのよさを見つけお礼を伝えます。

また，目に見える貢献だけを取り上げるのではなく，存在するだけで貢献しているということを伝えることも有効です。

3 言葉の荒れに目を配る

　慣れてくるということは，心に多少の油断が生まれるということでもあります。はじめのころは互いに気づかいながら触れ合っていたのが，いつの間にか気づかいを忘れてしまい，荒れた言動が少しずつ出てきやすくなる時期でもあるのです。

　また，天候不順の影響もあり，外で思いきり体を動かすことができず，狭い教室で過ごすことも増えてきます。その欲求不満から，ふとした言葉や軽はずみな行動をとってしまい，相手の心を傷つけたり，関係が悪くなってしまったりすることもあります。

　子どもたちの言動に目を配り，芽が大きくならないうちに摘み取りましょう。

4 子どもたちへの声かけを充実させる

　学級づくりのために，子どもたちに貢献感を味わわせたり，荒れた言動によって人間関係が悪くなるのを未然に防いだりするためには，担任からの声かけが必要ですし，またそれはかなり有効です。

　とはいえ，毎日多くの子に声をかけるのは時間的にも難しいでしょう。タイミングを逸してしまうことも多いと思います。

　そこで，簡単な記録を取っておいて，翌日に声をかけたり，付箋にメモ書きして，宿題などの提出物に貼って返却したりするのも１つの方法です。先生が見ていることがわかると，子どもたちも安心するものです。

（山中　伸之）

6月

093

「魔の６月」の
チェックポイント

生活面	□ごみ拾いを嫌う □叫んだり，怒鳴ったり，大声を出したりする □教室の中で追いかけたり，走り回ったりする □机の上やまわりが散乱している □言葉づかいに丁寧さがない □ネガティブな発言が多く聞かれる
学習面	□頬づえをついてすわったり，床に寝そべったりしている □号令でそろって起立することができず，一斉に声を出すことができない □勝手な発言が多い □顔を上げ，目線を合わせながら話を聞くことができない □すばらしいことがあっても拍手が起こらない □指示や説明の理解度が低い
対人面	□男女関係なく少人数のグループをつくることができない □友だちの名前を投げやりに呼ぶ □陰口やコソコソ話が聞こえてくる □固定化したメンバーが徒党を組んでいる □まわりに威圧し，自分勝手に行動する

1　生活面

　学級が荒れてきたなと思うときは，決まって「言葉」が乱れています。それによって，教室の空気が一気に悪くなることもあります。

　例えば「だるっ」「めんどっ」「おわった」など，係活動や当番活動，委員会活動などに対してネガティブな言葉を発します。

　本人的には「休み時間がつぶれて遊べなくなるのが嫌だなぁ」くらいにしか思っていなくても，教師はその言葉づかいだけを切り取って指導するので，悪循環に陥りがちです。

　どう言えばよいのかを一緒に考え，言葉づかいを丁寧にしていきましょう。

2　学習面

　この時期，授業が成立しなくなるきっかけとして「勝手な発言」があげられます。教師の話の途中に，自分の聞きたいことを大声で挟んできたり，話している最中に話を被せてきたりするような場面です。

　こうした勝手な発言に正面から相手をしていると，勝手な発言が「あり」だと学ばせてしまうことになります。

　順番や待つことを教えながら，学習に規律を生み出していきましょう。

3　対人面

　早ければ，少人数のグループが固定化されてくる時期です。自分たちだけ心地のよい小集団は，排他的になりがちです。

　生活面とも関わりますが，言葉づかいが悪くなることで，陰口やコソコソ話が増える可能性もあります。健全な小グループのあり方を考えていきましょう。

（古舘　良純）

6月

宿泊学習
指導のポイント

1 行事の「ビーイング」をつくる

　まず大事にしたいのは，「ビーイング」をつくることです。ビーイングとは何かについては，プロジェクトアドベンチャージャパン著『クラスのちからを生かす』を参考にしてみてください。この本には，「自分たちでつくる自分たちの規範」と書かれています。行事に向けた目標作成はどのクラスでも行いますが，ビーイング，つまり「目標に向かい，安心できるクラスでいるために，大切にしたいこと」は見落とされがちです。

　実際にビーイングをつくってみます。行事の象徴的な絵をみんなでかき，その中に，大切にしたいことを書いていきます。たっぷり言葉が出たら，絵の外側にこれは嫌だなと思う言動も書いていきます。こうすることで，行事に向かう際に大事にしたいことが共有されていくのです。このビーイングは宿泊学習に向かう途中にも書き加えたり，見直したりしながら，育てていきます。

2　子どもたちと共につくる

　宿泊学習の中で，子どもたちと共につくるところをできるだけ増やしていきましょう。体験活動で何をするか決める，キャンプファイヤーのプログラムを一緒に考える，宿泊棟の割り振りを実行委員と考える，などです。従来教師が決めていたところも，子どもたちと一緒につくれないかを模索していきます。子どもたちがこの宿泊学習を「自分事」として捉えられるかどうか，これは宿泊学習成功のカギです。

　もちろん，安全面や譲れないところはあると思います。ただ，大人で決めることと子どもで決めることの境界線を，ちょっとだけ子ども側にずらすことで，たくさんのアイデアを実行に移しながら自分事にしていくことができます。

3　プロセスを振り返る

　振り返りというと，計画表のシートに毎回１行程度で書いていくものをよく見かけます。でも，それらの多くは，振り返りではなく感想になってしまっているのではないでしょうか。そんなときにビーイングが役立ちます。今回はビーイングの中からこの３つを意識して，どうだったかを振り返り，クラスでシェアする。そんな場をつくってみてはどうでしょうか。

　時には，出てきた各自の振り返りを起点にして，１つのことをクラスでじっくりと振り返ります。「できたかできなかったか」ではなく，「プロセスの中で気づきはあったか」「友だちの言動に影響を受けたことはあったか」「何か日常の中でも活用できる気づきがあったか」などを丁寧に振り返っていけるとよいでしょう。

（青山　雄太）

雨の日も楽しめる教室・体育館あそび

見つけられない場所に密かに貼ろう！
ガムテープかくれんぼ

 時間　**15分**　 準備物　●ガムテープとペン

ねらい

　テープを隠したり見つけたりする活動を通して，友だちとのコミュニケーションを深めたり，スリルを楽しんだりする。

1. ルールを理解する

今から「ガムテープかくれんぼ」を始めます。まずは配られたガムテープ（2cm程度）に名前を書きます。次に学級を「隠す側」「探す側」に分けます。探す側の人たちは廊下に出て待っていてください。その間に，隠す側の人たちはテープをどこかに貼って隠します。テープを貼る場所は，「のぞき込めば見えるところ」とします。ものを避けないと見えないところは禁止です。

2. 隠す側チームがテープを隠す

では隠す側チームのみなさん，テープを貼ってください。
制限時間は1分間です。貼ったら自席に戻ってください。

どこに貼ろうかな。
机の裏側？　カーテンに貼るのもありだなぁ。

よし，ここならバレないだろう。

3. 探す側チームがテープを探す

 全員貼りましたね。では探す側チームのみなさん，テープを探してください。制限時間は2分間。見つけたらはがしていいですよ。

 あ～，こんなところにあった。やったぁ！

4. 見つからなかった子の答え合わせをする

 全部で何枚見つかりましたか？
時間内に見つからなかった人，
どこに隠したのか教えて！

 実は床に貼っていました！

 うわー，全然気がつかなかったよ！

 では，役割を交代してもう一度やりましょう！
見つけた数が多いチームが勝ちですよ。

> **うまくいくコツ**
> 子どもはこの瞬間が大好きなので，多少時間はかかってもやりとりを行う。

6月

\ ポイント /

普通のかくれんぼと違い，自分の隠した場所や相手が探す様子が見えるのでドキドキします。自分の隠した場所が気になりますが，あまりじっとそちらを見ていると目線でバレてしまいます。

雨の日も楽しめる教室・体育館あそび

みんなと同じ答えを考えよう！

フラッシュ！

 時間　10分　　 準備物　●紙とペン

ねらい

　お題についてみんなと同じになるよう答えを考える活動を通して，他者理解を深めたり思考力を高めたりする。

1.ルールを理解する

今から「フラッシュ！」をします。先生がお題を出しますから，答えを4つ書いてください。例えば，「動物園の動物と言えば？」というお題であれば，「ライオン」「パンダ」「キリン」「カバ」のような答えが考えられます。同じ言葉を他の人も書いていたら高得点になるので，みんなと同じ答えになるように考えてください。

2.答えを考える

では，今回のお題は「オリンピック競技と言えば？」です。細かく書いても大雑把に書いてもいいですよ。

よし，「サッカー」は入れよう。
「100m走」って書きたいけど，
「陸上」の方がいいかなぁ…。

うまくいくコツ
答えは完全に一致していなければ無効とする（「100m走」と「陸上」では不一致）。

オリンピックってどんな競技があったっけなぁ…。

3. 答え合わせをする

 答え合わせをしましょう。書いた答えを1つずつ発表してください。
同じ言葉を書いた人を数えて，その数がそのまま得点になります。

 じゃあぼくから。「テニス」って書いた人？　9人だから9点だ。

 「スケートボード」は…3人だけ？　もっといると思ったのに〜。

 すべての答えが出ましたね。
4つの合計点が一番高かった人が優勝です！

6月

＼ ポイント ／

多くの答えが出るようなお題の設定が大切です。「海と言えば？」「赤いものと言えば？」など季節や色で指定したり「にんべんの漢字と言えば？」のように学習とリンクしたりしてみましょう。

全員で協力してボールをつき続けよう！

アースボールチャレンジ

 時間 **15分**　 準備物　●ビーチボール

ねらい

協力することを楽しむ活動を通して，信頼関係を高め，よりよい学級づくりにつなげる。

1.ルールを理解する

今から「アースボールチャレンジ」をします。ルールは４つです。
①ビーチボールが地面に落ちないようにボールをつきます。
②ボールをついた回数をみんなで数えます。
③地面に落ちたら，１から始めます。
④手でつきます（足で蹴ったりヘディングしたりは禁止）。

2.練習を行う

では，８人のグループで実際にやってみましょう。
（２〜３分やってみて）最高で何回くらい続きましたか？

20回続きました！

すばらしいです！　１人何回くらいつけましたか？

私，1回もついてない…。

 そうだったの！　ごめん，気づかなくて。

> **うまくいくコツ**
> 1回もつけていない（または極端に回数が少ない）メンバーがいないかを確認する。

3. 新たなルールを加える

 では，ここからが本番です。新しいルールを3つ加えます。
①メンバー全員が1回つき終わるまで，だれも2回目はつけない。
②同様に，全員が2回つき終わるまでは，3回目をつけない。
③同じ人が2回連続でつかない。

 うわー，難しそう！

 チャレンジタイムは5分です。目標は何回にしますか？
作戦タイムを取ったらスタートします！

6月

4. 本番を行う

 ぼくは苦手だから，最初の方がいいと思う。それで，得意な人を後にしてフォローしてもらうのはどうかな？

 いいと思う！　じゃあやってみよう。

（北川　雄一）

＼　ポイント　／

だれがうまい，だれが下手，ではなく，メンバー全員で協力して目標を達成するということを大切にしましょう。

103

7月の 学級経営の ポイント

1 学期末の学習を 計画的に進める

　7月の授業日数は3週間程度しかありません。しかも学期末になると，何となく落ち着かなくなったり，夏休みの準備に追われたりして，余計に時間がなくなってきます。

　このとき心配になるのは，予定されている学習内容を教えるための授業時数が足りなくなってしまわないかということです。さらに，もう1つの心配は，購入したテストやドリルをやる時間がなく，実施せずに残ってしまうのではないかということです。この2点は，十分に留意するよう管理職からも必ず言われると思います。夏休み前になって慌てないよう，計画的に授業を進め，ドリルやテストなどを消化していきましょう。

　そのために，7月になったら，終業式までの授業計画を立ててしまうことをおすすめします。そして，テストやドリルの残りがどれくらいあるかを調べ，それらをどの時間に実施するか，あるいはいつ宿題に出すかも書き込んでおきましょう。

　こうすることで，安心して学期末を迎えることができます。

2 気分がよくなる 振り返りをする

　1学期の終わりには，子どもたちが1学期の学習の成果や自分の行動についてを振り返る機会を設けることと思います。

　このとき，何も指示せずに振り返らせると，子どもたちの多くは，やろうとしてできなかったこと，がんばったけれど不十分だったことなど，マイナスの評価に関わることを中心に書いてしまいがちです。すると，1学期が「できなかったことがたくさんあった学期」ということになってしまいます。それでは寂しいですし，「2学期もがんばろう」という意欲にはつながりにくいでしょう。

　そこで，1学期を振り返る際には，できたこと・できるようになったこと・チャレンジしたことにも注目させ，プラスの評価に関わる振り返りになるようにしてはいかがでしょうか。

　コツは，「普通・当たり前」にも着目することです。「学校に毎日歩いてきた」「友だちと仲良く話ができた」などです。こうすることで「いろいろできた学期」となり，気分よく夏休みに入ることができます。

3 子どもたちにお楽しみ会を 計画させ，成長の場とする

1学期の終わりの時期になると，学級活動でお楽しみ会や「がんばったね会」などを開く学級が多いのではないでしょうか。学級活動の年間指導計画に入っている場合もあると思います。

お楽しみ会は，学級がより協力的になったり，1学期の子どもたちの成長を振り返ったりできるよい機会でもあります。子どもたちの手で計画・運営させることで，学級の自治的能力を高めることもできます。

お楽しみ会の目的を確認し，あとは子どもたちに任せ，子どもたちが成長する機会にしていきましょう。

4 安心して始業式を 迎えられるようにする

夏休みが始まる前から夏休み明けのことを話すというのは，やや違和感を覚えるかもしれませんが，今や必要な布石の1つと考えてもよいのではないかと思います。

なぜなら，夏休みが終わって新学期を迎える時期に，登校や学校生活，学校での人間関係などに，少なからぬ心理的な圧迫や違和感を覚える子がいるからです。

そこで，宿題は計画的にやるのが望ましいが，仮に全部終わらなくても問題ないこと，始業式の準備ができてなくてもとりあえず登校できれば大丈夫だということなどを伝え，安心感をもたせておくようにします。

（山中　伸之）

1学期の振り返り

1　学級づくり

　5年生は，個人差はあるものの，心身ともに少しずつ子どもから大人へと成長していく時期です。特に，思春期の女子との接し方には，十分な配慮が必要です。1学期の間は「この先生なら信頼できる」「この先生とならがんばれそうだ」と感じてもらえるように，子どもたちとしっかりとつながり，信頼関係を構築する必要があります。つまり，人間関係づくりにコストをかける段階なのです。そうして，教室を「秩序ある安心・安全の場」にしていくことが，2学期以降の子どもたちによる自治的・自発的な活動をより円滑なものにしていきます。

　以上の点を踏まえて，次のような視点で1学期を振り返ってみましょう。

□子どもたちは安心して学級生活を送れているか。
□子どもたちは，教師によく話しかけてくるか。
□朝の会や帰りの会，給食や掃除などの日常生活が円滑に送れているか。
□子どもたちが互いに認め合う姿が見られるか。
□自ら声を出すことが苦手な子も活躍できる場面があるか。
□休み時間にはルールを守って遊んでいるか。
□子どもたちが教師の話に明るい表情で耳を傾けているか。
□学級で1人で孤立しているような子はいないか。
□教師は，命や人権に関わることについては，毅然とした態度で指導を行っているか。

2 授業づくり

　5年生は，発達段階の特性上，教師や親よりも友人との交流を重視する傾向があると言われます。そういった中で，自分や他人への観察力が高まった結果「自分はまわりからどのように見られているのだろう」と周囲の目を気にして挑戦しなくなることもあります。だからこそ，5年生の1学期には，学習課題と子どもたちをつなぐ橋渡しのような存在が必要になります。その懸け橋となるのが，教室内における「安心感」です。教室が子どもたちにとって，安全基地であることは，学習に挑戦しようとする勇気や，やる気を引き出すきっかけになるのです。

　以上の点を踏まえて，次のような視点で1学期を振り返ってみましょう。

□子どもたちは安心して授業を受けることができているか。

□子どもたちは授業中に笑顔で楽しそうな姿を見せているか。

□授業のはじめとおわりで気持ちよくあいさつができているか。

□授業前に筆記用具やノートなどを準備する習慣が身についているか。

□教師が話を始めると，子どもたちは手を止めて耳を傾けているか。

□隣同士で相談する際，子どもたちはすぐに話し合いに入れるか。

□子どもたちは互いの発言を聞き合うことができるか。

□グループ学習等では，一定時間仲良く学習を進めることができるか。

□授業中，「教師の指示を聞く」「発言をする」などの基本的なことができているか。

（水流　卓哉）

保護者面談のポイント

1 事前準備に力を入れる

①机のレイアウトを整える

　レイアウト1つで面談の雰囲気が変わります。基本的に下のように保護者と教師が斜めの場所に座る形がおすすめです。正面で向き合わないので身体的な距離を保ちつつも心理的な距離は遠くならず，緊張感が和らいだよい雰囲気で行うことができます。

Ⅱ字型で斜めに座る形

L字型で斜めに座る形

②時計を置く

　互いに時間を調整したうえで面談を実施しています。会社を抜け出して来校している保護者もいらっしゃいますから，時間は絶対に守ります。遅れれば次の保護者や同僚に迷惑がかかり，多方面からの信頼が損なわれます。信頼を得るはずの面談でそのようになっては本末転倒です。時計を保護者にも見えるところに配置し，両者が時間を意識できるようにします。

③情報の整理

　保護者が知りたいことは，「学力・授業の様子」「友人関係・休み時間の様

子」「我が子のよさ・課題」の３つです。普段からこの３つについてメモし，情報が足りなければ早めに子どもをよく観察したり，振り返りのアンケートを行ったりして把握しましょう。成績表の他に，子どもが活動している写真も用意します。百聞は一見にしかず。イメージしやすく説得力が増します。

2 保護者の関心に応じて面談の重点を変える

　面談は，①家での様子，②学力や授業の様子，③友だち関係・休み時間の様子，④その他（学校へのお願いなど）の流れで行います。保護者の話を聞くことを大切にして，教師は保護者が一番聞きたいことを中心に話します。高学年に入り，家庭科や委員会が始まります。教科担任や委員会など，他の先生からも情報を得ておくとよいでしょう。算数など，学習面でも差が開いてくる時期でもあるので，学校での対応策とともに，家庭学習への協力を仰ぎます。また，身体的にも変化が現れてくる子どもが多い時期です。女子児童の保護者は，男性教諭に相談しにくいものです。養護教諭などと連携し，適切な情報や相談できる場の提供も大切になってきます。

3 課題とよさは１：５で伝える

　学級全体ではなく，その子ならではの内容を伝えます。何のときに何をしていてどうだったのかを丁寧に話すことで，保護者は「しっかり見てくれている」と安心感を抱くことができます。また，課題を伝えるときには，その子のよさを５つは伝えてからにします。課題ばかり言われてもよい気分にはなれません。大切な我が子のことです。よさを５つ伝えられ，ようやく１つの課題を受け入れられるものです。もちろん，課題を伝えた後は，その対応策もセットで伝えていきます。帰りに「来てよかった」「明日も安心して学校に通わせよう」と前向きに思ってもらえる面談を目指しましょう。

（日野　勝）

１学期の通知表文例

● 積極的に自己表現ができる子ども

　国語で物語を読んだ感想を発表する際には，自分の想いや考えを進んで友だちに伝えることができました。みんなに伝えようと，身振り手振りをつけて，○○さんらしく堂々とした態度で表現していました。

その子のよさが特に光った印象的な出来事を見つけて伝えます。

● 自分なりに工夫して努力を積み重ねられた子ども

　家庭学習では，毎日欠かさず漢字練習に取り組みました。新出漢字が出ると，難しい字を集中的に練習するなど，工夫して自分の力を高めました。漢字50問テストでは，正確に字を書くことができました。

自分で考えて取り組んだその子なりの学習の工夫を価値づけて伝えます。

● 宿題や家庭学習がなかなか定着しない子ども

　朝の時間や休み時間など，学校にいる間に少しでも宿題に手をつけていくことで，宿題を忘れてしまうことがなくなってきています。課題を最後まで終わらせようと粘り強く取り組む姿勢がすばらしいです。

定着していないことよりも，できるようになっていることに目を向けてその子のがんばりを伝えます。

●生き物を大切にしている子ども

　　毎朝登校後にメダカのお世話と観察をしています。水槽を掃除したり，えさを忘れずにあげたりする姿から，生き物への愛情を感じます。

日常の中で，命あるものを大切にしている姿を見つけて伝えます。

●気づいたことをすぐに行動に移せる子ども

　　教室にごみが落ちていることに気がつくと，すかさずちりとりとほうきを持ってごみを片づけていました。

その子の気配りが現れている行動を見つけ，具体的に示します。

●クラス全体をまとめられる子ども

　　クラス遊びを決める際には，全員から意見を募り，みんなが満足いくルールの工夫点についてまとめていました。

どんなときにクラスをまとめたのか，具体的に示すことが大切です。

●前の学年よりもできないことが増えた子ども

　　うまくできないことがあると，進んで近くの友だちや教師に聞いて，自分なりに努力することができました。

できないことに焦点化するのではなく，できるように努力したことを評価し，がんばりを応援します。

●行動力があり，行事を盛り上げた子ども

> 林間学校では，キャンプファイヤーのときのレク係になり，ゲームや進行の手順を考えました。本番では仮装し，サプライズでみんなの前でダンスを披露しました。

大きな行事でみんなを楽しませるために行動したことを評価し，伝えます。

●児童会活動で低学年児童を気づかうことができた子ども

> 縦割り班活動のときには，下の学年の子たちにも積極的に声をかけ，みんなで楽しめるようにしていました。

高学年らしい姿を評価し，伝えます。

●校外学習で意欲的に学ぶ子ども

> 工場見学では，現地で働く人たちの姿を見て，熱心にメモを取ったり，ガイドの人に質問したりしていました。

校外でも意欲的に活動に取り組んでいたことを評価します。

●まとまって行動することができない子ども

> 林間学校では，活動班の副リーダーになり，しおりを先に読んで次の活動場所を確認し，みんなに呼びかけていました。

集団での活動で役立った場面を見取り，評価します。

●進んでクラス会議の司会を務めた子ども

　学級で行ったクラス会議では，積極的にその日の司会に立候補しました。クラス会議全体がうまく運ぶように，見事に司会，進行を務めていました。

　積極的に司会に立候補したやる気と，会議での活躍ぶりをあわせて評価します。

●委員会活動で役割をきちんと果たそうとした子ども

　運動委員会の当番活動では，学校のみんなが気持ちよく運動できるように，各教室で管理しているボールの空気圧点検や体育倉庫の一輪車の片づけ，整理を黙々と行う姿が見られました。

　5年生になって，はじめて行う委員会活動なので，クラスの子どもたちの役割を確かめ，意識して活動の姿を見に行くことを大切にします。

●最後まで友だちの話を聞くのが難しい子ども

　クラスで席替えの仕方を話し合っているときに，友だちの意見につけ足して発言していました。友だちの話を聞いて，自分の意見や考えを表すことができるようになってきています。

　友だちの話を聞くのが苦手であっても，少しずつ聞けるように成長しているということを伝えます。

（五十嵐太一）

7
月

8月の
学級経営の
ポイント

1 はがきなどを活用して子どもとのつながりを深める

8月は子どもたちと会わない期間が最も長くなる時期です。子どもたちを家庭に返す時期でもあるので，それはそれでよいのですが，子どもたちとのつながりがまったくなくなってしまうのも寂しいものです。また，子どもによっては，担任とのつながりを求めている子もいるでしょうし，担任としても，「この子とはつながっていた方がよさそうだ」と考える子もいると思います。

そこで，夏休み中も何らかの方法で子どもたちとつながることを考えましょう。

方法としては，電話やはがきが一般的かもしれません。はがきはできれば形式的なものではなく，その子に宛てたメッセージを書いてあげるとよいでしょう。家族と一緒に読むことを考えて，保護者が見ても喜べるような内容や表現にします。

学校によってはタブレットを持ち帰っていて，期日を決めてビデオ会議などで交流できる場合もあるかもしれません。そのようなときにも，一人ひとりの名前を呼んで声をかけるようにしましょう。

2 教室環境を整えておく

長期休業中は，先生もできるだけ休養をとるよう努めましょう。それでも，普段より時間的にゆとりがあるので，普段なかなかできない教室環境を整えるよい機会でもあります。

まず，教室内外の掲示物に目を向けてみましょう。学級目標や避難経路，各種おたよりなど，常掲の掲示物の画鋲が取れていたり，端が折れ曲がっていたり，台紙が日に焼けて変色していたりしないでしょうか。もしもそうなっていたら，直しておきましょう。

教室備品の置き場所など，1学期を過ごしてみて移動した方がよいと思われる場合は，この機会に移動しておきます。実際に動かしてみて，子どもたちの動きを想像してみるとよいでしょう。

ロッカーの上，教室の隅，教卓や事務机のまわりなど，1学期は忙しくてなかなか手をつけられなかったゴミや汚れがあるかもしれません。よい機会ですから，そういうところも含めて，一度教室を掃除してみるのもよいかもしれません。子どもたちの机もきれいに拭いておきます。

3　1学期の学級経営を振り返り，2学期の計画を立てる

　夏休みは比較的時間にゆとりがあります。のんびりすることができます。ぼーっとする時間もあります。

　実は，最近の脳科学では，ぼーっとしている時間の方が，仕事や作業をしている時間よりも脳は活発に動いているという研究もあるそうです。ぼーっとする時間のある夏休みは，新しいアイデアを考えるよいチャンスかもしれません。

　ぼーっとして身体を休めているときに，2学期の学級経営のアイデアを何となく考えてみてはいかがでしょうか。意外によいアイデアが浮かんでくるかもしれません。

4　実践をまとめるなど自己研鑽に励む

　教育基本法第9条に次のようにあります。「法律に定める学校の教員は，自己の崇高な使命を深く自覚し，絶えず研究と修養に励み，その職責の遂行に努めなければならない」

　教員は「絶えず研究と修養に励」まなければなりません。夏休みとはいえ，連日のように何らかの業務があるわけですが，それでも時間のゆとりは比較的あります。読書をしたり，自分の実践をまとめたり，民間の有料の研究会に参加したりして，大いに自己研鑽に励みましょう。

（山中　伸之）

8月

○○さんが，授業中何度も手をあげていた姿が思い出されます。

9月の学級経営のポイント

1 夏休み明けは学校不適応を起こす子が多いことを自覚する

　痛ましいことですが，夏休みが終わり新学期が始まる時期は，１年間で最も青少年の自殺者が多いと言われます。また，夏休み明けに登校をしぶる子もいます。学校から離れていた期間が長いと，その後に学校不適応を起こすことが多いようです。

　自殺の原因として，直接的には「家族からの叱責」や「親子関係の不和」などが考えられるそうですが，そもそもそのようなことが起こる原因には，学業不振（宿題）や進路問題，友だち関係や先生との人間関係など，学校に関わることが存在することは間違いないと思われます。

　困難を乗り越えることは，子どもたちにとって有益で必要なことです。しかし，それを指導するためには，子どもたちを学校というステージに上げなければなりません。

　今や夏休み明けは，子どもたちにとっても学校にとっても，慎重に乗り越えなければならない難しい時期と言えるのです。このことを念頭に置いて，子どもたちを学校に迎えるようにします。

2 急がず粘り強く，もう一度積み上げる気持ちで取り組む

　夏休み明けの子どもたちはいろいろな点で教師を悩ませます。例えば，以下のようなことです。

・夏休みの宿題を終えていない
・提出すべきものが提出されない
・忘れ物が増える
・返事，あいさつなど生活習慣が乱れている

　これらの問題にいち早く対応し，子どもたちを早く１学期末の状態に戻したいと考えるのは，教師として自然なことです。

　ただし，あまりにも急いで整えようとすると，どうしても指導に力が入り過ぎ，子どもたちへの対応も厳しくなってしまいます。夏休み明けは学校不適応を起こす子が多いという傾向に鑑み，ゆとりをもって，急がず，多少のことには目をつぶりながら，粘り強く指導するよう心がけたいものです。

　１学期の指導がすべてむだになったわけではありません。大変でも，１学期の指導をもう一度積み上げる気持ちで行いましょう。１学期よりも短時間で整う可能性が高いのですから，希望をもって指導にあたりましょう。

3 よりよい生活を目指し，学級目標を見直す

　夏休み明けの子どもたちは，なかなか学校生活のリズムに乗ることができません。日課通りの生活を面倒くさいと思ったり，体が夏休みの自由な生活に慣れ，規則正しい生活ができにくくなっていたりするからです。

　その結果，１学期に高まった学級集団としての力を十分に発揮できず，自治的な活動も難しい場合があります。

　そこでまず，みんなでよりよい学校生活を目指そうという雰囲気をつくることに重点を置きます。学級目標に込められた願いを見直して，１学期にできていたことを確認します。それから，２学期に力を入れたいことについて共通理解をしていきます。

4 生活習慣を見直すためのアンケートを実施する

　いつまでも夏休み気分では，成長することはできません。新学期が始まって10日から２週間くらい経ち，子どもたちが学校生活に慣れてきたころを見計らって，生活習慣を見直していきましょう。

　まず，子どもたち自身に自分たちの現状を把握させます。生活習慣についての簡単なアンケートを実施し，自分たちを客観視できるようにするとよいでしょう。

　次に，それを基に，できている点や継続していきたい点，反対に改善が必要な点や，どうすればよいかなどについてグループで話し合い，意識づけていきます。

（山中　伸之）

9月

117

2学期はじめの
チェックポイント

生活面	□教室をきれいに保とうとする子，さっとごみを拾う子が多くない □自然な笑い声が少なく，大きな物音がする □マイナス発言が聞こえてくる □友だち同士の注意がきつい □集合・整列の際，並び順を勝手に変えてしまう子がいる
学習面	□いすに深くすわり過ぎたり，背中が曲がったりしている □号令に覇気がなく，声を出さない子がいる □まわりの様子を見て発言することができない □相づちを打ったり，返事をしたりしながら話を聞くことができない □プリントを無言で後ろに渡す
対人面	□グループの固定化が見られ，だれとでも関わることができない □敬称で名前を呼ぶことができない □保健室に入り浸る子がいる □休み時間にいつも１人になっている子がいる □立場の弱い子が，仕事を押しつけられていることがある

1　生活面

　始業式，学年集会，身体計測など，集団行動の機会が多い学期はじめです。2学期スタートでは，集合・整列に気をつけてチェックします。

　勝手に並び順を変えたり，集団から外れて遅れを取ったりする数人の子がいたら要注意です。小さなルール違反が大きな逸脱行為につながる可能性もあります。

　きちんと並んでいる子に目を向ける意味も含め，確認しておきましょう。

2　学習面

　2学期スタートは，授業の空気づくりが必要になってきます。どう一体感を生み出し，全員を巻き込んで授業を進めるかという視点が大切になります。特に相づちや返事は空気づくりに欠かせません。説明や指示が伝わっていること，全体の流れを全員で確認することができます。

　場合によっては，巻き戻し（やり直し）をしながら「学ぶ体質」をつくっていきましょう。

3　対人面

　休み時間の過ごし方に目を光らせておくようにしましょう。休み時間にいつも1人になっている子がいる，頻繁に保健室に向かう子がいる，いつも同じ子ばかりが仕事をしている…といったことがないようにチェックしておきます。

　そして，休み時間は完全な自由時間ではないということを共通理解しておき，授業準備などにも時間を当てさせます。

　休み時間が人間関係を崩すきっかけになることを心得ておきましょう。

（古舘　良純）

避難訓練
指導のポイント

1　避難訓練への「構え」をつくる

　高学年ともなると，教室の場所が避難口から遠く，避難経路が長くなっていることが多いのではないでしょうか。火事や地震などの恐ろしさを伝え，これまで以上に素早い行動が求められることを事前の指導の中で確認します。また，「自分で判断する」場面を事前の指導の中で意識させます。

2　事前指導の中で標語を確認する

　「おはしも（ち）」など定番のキャッチフレーズを覚えているか確かめておきます。担当の分掌から出されている内容を確認しておきましょう。

3　事後の振り返りを丁寧に行う

　避難訓練は，実際に避難が必要な事態が起きた場合に備えて，「前もって」行うものです。つまり，訓練したことを実行できなければ，訓練の効果はなかったということです。しかしながら，実際に避難が必要な事態が起こるまで，そのことを確かめる術はありません。そこで，訓練の振り返りが大切になります。「おはしも（ち）」の約束が守れたかどうか，校内放送をよく聞いて素早く行動できたかどうか，自己評価する機会をつくります。

　特に，事前指導の中で取り上げていた自己判断の場面に焦点化して考えるようにすると，指導の効果が高まります。「防火扉はどのように通り抜けるのがよいか」「階段で他の学年と会ったときにはどうしたらよいか」など，子ども自身の「判断」を問われる場面で，どのように考え，行動したかについて振り返り，訓練の精度を高めるようにします。

（藤原　友和）

全員の言葉を聞き取ろう！

ステレオゲーム

⏰ 時間	5分	✏️ 準備物	なし

ねらい

　同時に発せられた5つの言葉を聞き取る活動を通して，集中して友だちの声を聞こうとする意欲を高める。

1.ルールを理解し，ゲームを行う

 今から「ステレオゲーム」をします。回答者1人を決めます。聞き役です。あと5人を選びます。この5人が一斉にそれぞれ別の言葉を言います。回答者は5人が何と言ったかを当てます。
　5人が言う言葉は先生がメモに書いて手渡します。3回までチャンスがあります。やりたい人は手をあげてください。

 では，やってみましょう。せ～の！

 みかん！　　 りんご！

 バナナ！　　 メロン！　　 すいか！

 みかん，りんご…，あとは，え～っと…

2. 言葉を言うスピードを遅くする

 では，言葉を言うスピードを少し遅くしてみましょう。

 あっ，わかったぞ！
○○さんはメロン！　△△さんはすいかだ！

 すごい，よくわかったね！　次，ぼくも解答したいな。

 じゃあ，今度は○○くんやってみようか。

 はい！

＼　ポイント　／

　言葉を言う子どもたちの立ち位置で難易度を調整できます。また，男女混合の方が易しくなります。

想像力を働かせてハッピーになろう！
もしも100万円もらったらゲーム

| 時間 | 10分 | 準備物 | なし |

ねらい

「こんなことがあったらいいな」ということを考える活動を通して，夏休み明けに沈みがちな気分を上昇させる。

1. ルールを理解する

 今から「もしも100万円もらったらゲーム」をします。

 えっ，先生が100万円くれるの？

 そんなわけないじゃん！

 はい，そんなわけありません。100万円もらったらどんなふうに使うかを想像して，みんなに発表してもらいます。

2. 想像したことを書いてみる

 全員に発表してもらいたいので，紙に書いてもらいます。メモでかまいません。人を傷つけるようなことや人が不快になるようなことでなければ，どんな使い道でも構いません。

額が大き過ぎてイメージがつかないなぁ…。

 いざ考えてみると，意外と難しいね。

3. 全員が発表する

 書きましたか？　では，列ごとに発表してもらいます。
○○君からどうぞ。

 ぼくは，100万円もらったらハワイ旅行に行きます！

 それいいね！

 私は，100万円もらったら推しのグッズを買いまくります！

```
＼ ポイント ／
```

担任は終始笑顔で，大袈裟に「すごいねぇ！」「かっこいい！」など
とリアクションをすることがポイントです。

体と頭をリフレッシュしよう！
旗上げゲーム

時間	10分	準備物	●紅白の小旗または紅白帽子

ねらい

　指示に従って旗上げを反射的動作で行う活動を通して，手や頭を活性化する。

1. ルールを理解する

今から「旗上げゲーム」をします。
「赤上げて！」「白上げて！」っていうやつです。

ああ，見たことある！

知らないなぁ。どうやってやるの？

> **うまくいくコツ**
> 練習は全員が理解できるようにゆっくり行う。

2. 練習を行う

知ってる○○さん，代表で実際にやってみて。
赤上げて，白上げて，赤下げないで，白下げる。
白上げて，赤下げて，赤上げないで，白下げる。

わぁ，間違えた〜。

3. だんだん速くしていく

では，ここからが本番です。だんだん速くしていくのでがんばりましょう。赤上げて，白上げて，赤下げて，白下げない！

あ～，ついていけない！

4. 挑戦者を募る

始めるよ！　白上げて，赤上げて，白下げる，赤下げない。
白上げて，白下げて，白上げないで，赤下げる。

よし，クリア！

しまった！

┌─────────────────────────────────────┐
＼　ポイント　／

　小旗の準備が難しい場合，紅白帽を使い，学級を半々に分けて互いに
貸し借りしながら行うことができます。
└─────────────────────────────────────┘

9
September

バランスを取りながらじゃんけんをしよう！

ただいま修行中

 時間 | 5分

 準備物 | ●ノート

ねらい

　頭の上にノートを載せて歩行しながらじゃんけんをするゲームを通して，集中力を向上させる。

1. ルールを理解する

 今から「ただいま修行中」というゲームをします。

 え～っ，修行はやだなぁ…。

 大丈夫，簡単なゲームです。ノートを1冊なんでもいいので出してください。立っていすを入れてください。そうしたら，頭の上に取り出したノートを載せます。その後，教室の中を歩き回ります。先生が「じゃんけんをします」と言います。相手を見つけて一斉にジャンケンをします。負けた人は座席に戻ります。その前に，ノートを落としたらアウトです。座席に戻ります。

2. 練習を行う

 では，実際にやってみましょう。立ってください。

あぁ，落ちちゃった。戻らなきゃ。

 じゃんけんをします。最初はグー，じゃんけん，ポン！

3. スピードアップする

 では，2回戦いきます。ここからが勝負です。
じゃんけんのスピードを上げます。がんばりましょう。
じゃんけんをします。最初はグー，じゃんけん，ポン！

 あ〜，だめだあ，落ちたぁ。

みんなすごく集中していたね。普段はノートを大切に扱おうね。

（駒井　康弘）

\ ポイント /

　ノートの種類を指定しないことで運が分かれるので，さりげなく進めるのがポイントです。また，ゲームの最後に，普段はノートを大切に扱うよう注意を促しましょう。

10月の学級経営のポイント

1 気持ちが乗らないときの学習への取組を工夫する

10月は，運動会や学習発表会など，大きな行事が行われることが多い月です。5年生になると，自分たちの練習の他にも，行事そのものの運営のために働くことが増えます。すると何となく，「行事の練習で忙しいから」「行事の練習で疲れているから」という理由で，学習に対する取組が消極的になってしまうことがあります。これをそのままにしておくと，いつの間にかそれが当たり前になってしまわないとも限りません。気づいたときに，早めに見直しておきましょう。

気持ちが乗らないときにやる気を呼び起こすには，活動から入るのが有効です。例えば，素読や速音読です。教科書でもよいですし，名文を印刷して読んでもよいでしょう。先生も一緒になっていい声で読みます。百マス計算に代表される速算も有効です。20マスくらいでタイムを競うとやる気が出てきます。理科や社会ならば，フラッシュカードがおすすめです。

こうして学習リズムを取り戻したら，ワンランク上の学習技能を身につけさせましょう。

2 もう一度リーダーとしての自覚をもって行動させる

1学期のはじめに学校のリーダーとしての自覚を促したと思います。そして，委員会やクラブ活動で副委員長や副部長になり，リーダーとしての一歩を踏み出したことでしょう。

2学期はさらに，運動会や学習発表会などの大きな行事が予定されています。行事の進行や運営に協力したり担ったりする機会も増えてくるでしょう。

そのような時期ですから，ここでもう一度リーダーとしての自覚をもたせるような指導を行います。

1学期のはじめは，ほとんど体験をしていませんでしたから，具体的な場面を思い描くことが難しかったと思いますが，1学期に6年生とともに行動することで，リーダーとしての活動が理解できたと思います。

そこで，リーダーとしてどのように行動すればよいか，6年生を見ていて学んだことや思ったことをグループで話し合い，学級全体で共有します。また，5年生としてどんなことができるのかについても話し合って共有します。

3　一人ひとりの目標に
　　チャレンジする期間をつくる

　10月は気候もよく，物事にチャレンジするにはよい時期です。子どもたち一人ひとりに，チャレンジすることを決めて取り組ませ，成長を促しましょう。「チャレンジ週間」「チャレンジウィーク」などと命名すると，やる気も出ます。
・自主学習ノートＩか月でＩ冊完了
・あいさつで10回以上ほめられよう
・Ｉ週間に15回以上発言しよう
など，Ｉ週間やＩか月でできそうなことに取り組ませます。
　学級に貢献できることを考えた子は大いにほめてあげましょう。達成した子に賞状をあげたり学級通信で紹介したりします。

4　学級としての
　　力を伸ばす

　10月は学級としての力を伸ばすにもよい時期です。例えば，以下のように学級全体で取り組むことを決めて実行してみましょう。
・「50発言，３時間」（発言数が50を超える授業が３時間）
・「忘れ物ゼロ，Ｉ週間○人」（忘れ物がＩつもない子の延べ人数が○人）
・「ほめられあいさつ，Ｉ週間○人」（先生方にあいさつでほめられた子の延べ人数が○人）
　達成イベントを実施することで，子どもたちのやる気も上がり，計画・実施を通してさらなる成長も期待できます。

（山中　伸之）

10月

131

音楽祭 指導ポイント& 活動アイデア

1 指導ポイント

☑ 子どもに見通しをもたせる

学校全体のために動くことが増える高学年なので，自分は何ができるのかを考えて行動できるようにする。

☑ 自分の役割に責任をもたせる

合奏の楽器や合唱のパート，指揮，ピアノ等それぞれが担った役を互いに尊重して，練習に取り組める雰囲気を醸成する。

☑ 自主性を育む

授業時間のみならず，場や時間などを工夫することで，子どもたちが音楽祭に向けて自主的に活動できるようにする。

☑ 仲間の存在を感じられるようにする

仲間と支え合いながら活動する場面を多く取り入れることで，一緒に１つのものをつくる楽しさを味わえるようにする。

☑ 自己の成長を感じさせる

毎日の練習を振り返りながら，自分の成長に気づき，自信をもって取り組めるようにする。

2　活動アイデア

①みんなが気持ちよく練習に取り組めるオーディションにする

　合奏の楽器を決めるのにオーディションを行うことがあります。みんながこれから気持ちよく練習に取り組めるように，次の４点に気をつけましょう。

　１つめは，すべての楽器の希望調査を取ることです。どの楽器も合奏するのに大切なパートの１つです。オーディションがある楽器と大勢で演奏する楽器に優劣があるわけではありません。どの楽器も同じように扱いましょう。

　２つめは，オーディションの審査員は担任の教師全員と音楽専科が行うことです。結果は同じであっても，どこかのクラスの教師がいなければ子どもたちは不公平だと感じてしまいます。

　３つめは，その日の演奏のみで審査していることをしっかり伝えることです。子どもたちの中では，あの子はピアノが上手，あの子はドラムがすごいといったことが，ある程度わかっています。したがって，もしその子が選ばれなかったとき，揉める原因にもなりかねません。

　４つめは，オーディションで選ばれた子には，選ばれなかった仲間の気持ちも考えて練習に励むように伝えることです。がんばる姿を見せることでオーディションで選ばれなかった子も他の楽器でがんばることができます。

<table>
<tr><td colspan="2" rowspan="2">希望楽器
（　　年　　組）</td><td colspan="2">合奏でどの楽器がしたいか、書きましょう。</td></tr>
<tr><td colspan="2">しめ切り９月２０日</td></tr>
<tr><td colspan="2">オーディションあり</td><td colspan="2">オーディションなし</td></tr>
<tr><td>楽器（人数）</td><td>名前</td><td>楽器</td><td>名前</td></tr>
<tr><td>大太鼓（1）</td><td></td><td>リコーダー</td><td></td></tr>
<tr><td>小太鼓（1）</td><td></td><td></td><td></td></tr>
<tr><td>シンバル（1）</td><td></td><td></td><td></td></tr>
<tr><td>キーボード（3）</td><td></td><td></td><td></td></tr>
<tr><td>鉄琴（3）</td><td></td><td></td><td></td></tr>
<tr><td>木琴（5）</td><td></td><td></td><td></td></tr>
</table>

10月

②楽器練習の場づくりを工夫する

　いつもは楽器置き場に片づけている楽器も，合奏の練習が始まれば，置き場を変えましょう。自由に練習できるようにするためです。

　音楽室の端に木琴や鉄琴を並べて置きます。近くに空き教室がある場合は大太鼓と小太鼓等の打楽器を他の教室に置き，自由に使ってよいメロディの入った音源も用意します。ちょっとしたことですが，時間を有効に使って練習することができますし，休み時間にも自由に練習できます。複数の学年で楽器を使う場合は，曜日や時間ごとに優先学年を決めて掲示しておきましょう。マレット等はどこに片づけるのかをわかりやすく示し，自分たちが使うものを丁寧に扱う習慣も身につけさせましょう。

　音楽祭の練習は，体育館での練習の前からすでに始まっています。秋は学校行事が多く，担任は大変だとは思いますが，専科に任せっぱなしにするのではなく，音楽の授業や休み時間に音楽室に行き，子どもたちのがんばっている姿を応援しましょう。

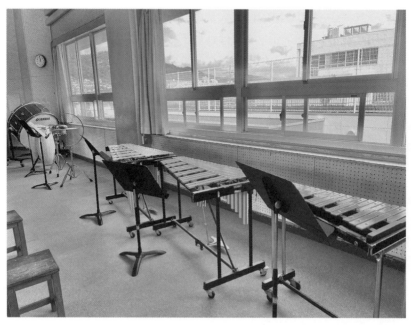

③日々の振り返りの仕方を活用する

　体育館での練習が始まれば，もう少しで音楽祭です。一人ひとりが本番までの目標を決め，取り組めるように工夫しましょう。大切なのは，本番で間違えずに演奏することではなく，その過程です。5年生ですから，やみくもに練習するのではなく，目標を具体的に決めます。毎時間，今日がんばるべきことを明確にするだけで，練習への意識や本気度がぐっと変わります。また，練習後にしっかり振り返りを行います。貴重な体育館練習なので，時間を取ることが難しい場合，以下の方法で行ってみましょう。

　1つめは，「2行振り返りカード」です。2行に限定して振り返りを行います。「まだ2番の歌詞をはっきり覚えてないので覚える」「合奏で入るタイミングがわからなかったので明日は指揮をよく見たい」ぐらいであれば，数分で書くことができます。また，教師も一人ひとり何を思って取り組んだのかがよくわかります。

　2つめは，小グループでの「2文振り返り」です。1人ずつ「①今日がんばったこと」「②明日がんばりたいこと」を言います。毎日同じグループで行うと，仲間の成長を感じることもできるでしょう。

（土師　尚美）

学芸会
指導ポイント&
活動アイデア

1 　指導ポイント

☑ 脚本を作成する

絵本・教科書教材のみならず，流行の漫画やアニメなどの中から子どもが興味あるものを基に脚本を作成する。

☑ 目標を設定・共有する

「何事も自分たちで！」がテーマ。教師の指示で動くのではなく，演者・照明・音響等，子どもが主となりチームごとに進めていく。

☑ 配役を決める

子どもが舞台（劇）に必要な配役・仕事を決める。教師からの指導は助言程度にとどめ，子どもの自主性・主体性を高める。

☑ 教師は環境づくりに努める

教師は演者や道具係，照明係，音響係などの各係が同時に協議できる環境づくりに努め，練習は子どもが主となって進める。

☑ 思い出を形として残す

舞台映像を編集する。冒頭に題名を入れ，最後に子ども全員の名前をスクロールで流すと，気分はすっかり映画スター。

2　活動アイデア

①「自己プロデュース力」を育む

　表情，体，セリフ…と，ひと通りの表現ができるようになってきた5年生。次なる段階として「自己プロデュース力」を育んでいきましょう。ここでいう自己プロデュース力とは，「他者の力を思いきり借りて，自身の演技を2倍にも3倍にもする力」のことです。

　ドラマや舞台では，悲しい場面では悲しい曲が流れ，悲しさが助長されます。主役の登場シーンでは，大きな音と駆け巡る光を用いた派手な演出で主役感を際立たせます。小道具や音楽，照明等を活用すれば，自身の演技がより魅力的なものになります。逆に言えば，演技力に自信がない子どもは，小道具や音楽，照明等を活用すれば，演技力をカバーできるわけです。「自身の演技の弱点を客観的に分析し，他者の力を思いきり借りて補おう」と対話を重ねると，演者と演出係との関係も良好なものになり，より一体感のある舞台になります。

②校外学習で観劇を行う

　5年生になると，キャリア教育も進学や職業等，内容がより具体的なものになってきます。キャリア教育と学芸会を兼ねた取組として，校外学習に観劇を取り入れてみるのはいかがでしょうか。

　映画は観に行ったことがあっても，観劇はしたことがない子どもがほとんどです。つまり，本物のお手本を観たことがないまま，舞台を経験してきた子どもがほとんどであるということです。学芸会を迎える直前に観劇を設定すれば，起爆剤になること間違いありません。

　観劇する際には，「演技」「音響」「照明，道具」「観客へのサービス」の4観点で自分たちとの違いや自分たちにもできそうな工夫等をワークシートにまとめさせます。帰校後，各々の役割に分かれ，ワークシートを基に「舞台をよりよくするためには」というテーマで話し合わせ，改善策を考えていきます。プロの手法をほんの少し取り入れるだけで舞台は驚くほどの変貌を遂げます。

③うちわをつくって，一体感を高める

　教師主導で練習を進めてきた低中学年期と違い，５年生になると，子ども
が主体となってそれぞれの役割ごとで動く機会が一気に増えます。低中学年
期に比べると，一堂に会する機会はぐっと減るので，「どこにいてもチーム
は１つ！」感を高めるため，チームグッズを作成してみるのはいかがでしょ
うか。

　５年生での作成おすすめグッズは「うちわ」です。簡単にでき，かつどこ
にでも持っていくことができ，意外と目立ちます。

　本番当日は，保護者にうちわを託し，持参してもらいましょう。明るい舞
台からは暗い観客席は見づらいもの。しかし，うちわ１つあることで自分の
学級・学年の保護者がどのあたりで観劇しているのかがわかると共に，「こ
んなにも観に来てくれているんだな」と支えを感じながら演技を全うするこ
とができます。たかがうちわ，されどうちわ。手軽にできて，チームに一体
感を生み出し，かつ自分たちのモチベーションも高めることができるグッズ
です。ぜひつくってみてください！

（日野　英之）

139

秋の運動会
指導のポイント

1 高学年としてふさわしい姿を共有する

　高学年としての運動会。低中学年とはひと味違う姿を見せてほしいものです。しかし，高学年としてあるべき姿を求めるあまり，指導の言葉がきついものになってしまいがちです。一方的に指導されると子どもの心は担任から離れてしまいます。まずは，子どもたちと「どんな高学年になりたいか」を共有し，指導と学習の基準をつくることが大切です。考える際には「どんな高学年の姿は嫌？」などとあえてマイナスの姿を問うた方がよい場合もあります。「並ぶことが遅い」「下級生のお手本ではない」など，子どもたちの意見から出た姿を基に，高学年としてふさわしい姿を共有しましょう。共有することで，指導と学習の基準が明確になり，子どもたちが高学年としてふさわしい姿に近づくことができるでしょう。

2 「毎日振り返りシート」を活用する

　目標もなくただ練習をこなし，本番を迎える。それでは子どもたちの成長は見込めないでしょう。そこでおすすめしたいのが「毎日振り返りシート」です。目標を設定し，毎日振り返りを行います。項目は以下の通りです。

①今日のよかった点（自己分析１）
②今日の反省点（自己分析２）
③明日がんばること（改善）

目標を達成するための行動計画を考えることで，自分自身を見つめ直すことができます。これに加え，教師や保護者のコメントやフィードバックを加えることで，より成長を促すことができるでしょう。

3　口伴奏をマスターする

　高学年になると演技内容のレベルが上がり，指導が難しくなってきます。そこで，「口伴奏」の習得をおすすめします。ポイントは次の2点です。
①予告型口伴奏
　8拍後に「バランス」という技を決めたいときに，「…5，6，7，8，バランス！」と指導すると，こちらが意図したタイミングで技がビシッと決まりません。「…5，6，バラ，ンス！パッ！」といったように事前に技を予告することで，子どもたちはタイミングを取ることができ，全体の動きがそろうようになってきます。
②呪文型口伴奏
　子どもの動きに対し「1，2，3，4…」と，ただカウントで指導するのではなく，「回して，回して，かついで，投げる！」といったように，動きを言語化して指導するようにしましょう。子どもたちのイメージが一気に膨らみ，演技を習得するためにかかる時間がぐっと縮まります。

（工藤　智）

11月の
学級経営の
ポイント

1 もう一度，
基本の指導を見直す

　学級づくりに力が入ってくると，いろいろな実践を試してみたくなります。手応えが感じられるようになり，こうすればもっとできるのではないか，あの方法ならばもっと伸びるのではないかと，夢が膨らんでいきます。

　それは悪いことではありません。むしろ，子どもたちの能力を伸ばすことですから，積極的に取り組みたいものです。

　しかし，「あれもやりたい」「これもやってみよう」と思うあまり，返事やあいさつや整理整頓などの基本の指導がおろそかになることがあります。これに，大きな行事が終わったことによる開放感や虚脱感が加わると，知らないうちに生活習慣が乱れ始めることがあります。活動が雑になり，子どもたちから粘り強さが感じられなくなります。最悪の場合，学級が荒れ始めてしまうかもしれません。

　そうならないためにも，また，子どもたちをさらに成長させるためにも，足元をよく見ることを心がけたいものです。この時期に，もう一度自分自身と自分の学級の「基本」を振り返ってみましょう。

2 教科指導に
力を入れる

　子どもたちが学校で過ごす時間の半分以上は授業です。授業を充実させることが，子どもたちの学校生活を充実させ，子どもたちの成長を促すことは言うまでもありません。

　5年生も後半となり，学級経営も軌道に乗ってきている時期です。しかし「好事魔多し」と言うように，よいことはとかく邪魔が入りやすいものです。物事がうまくいきそうだからといって，有頂天にならないようにしたいものです。ここで気を引き締めて，授業を充実させることに注力してみましょう。

　まず，子どもたちの学習習慣がきちんとしているか，再点検してみましょう。時間を守る，準備をする，姿勢を正す，私語を慎む，傾聴する，作業に素早くとりかかる，などができているでしょうか。学習習慣をきちんとさせたうえで，授業実践に取り組みましょう。

　授業が充実して子どもたちが満足したかどうかは，授業後の子どもたちの様子でわかります。授業の話をしていたり，ちょっと興奮していたり，笑顔だったり。そういう授業を1つでも増やしていきたいものです。

3 子どもたちに成長を実感させる

　5年生になって7か月が過ぎました。子どもたちもいろいろな面で成長しています。どんなところが成長したか，子どもたちに実感させましょう。

　そのためには，子どもたちの成長の跡を伝えたり見せたりすることが必要です。成長したところを一覧にして伝えたり，写真や記録があればそれを見せたりします。

　さらに，日常のちょっとした場面に成長が見られたら，すかさずほめて成長を認めてあげましょう。叱るような場面でも，叱った後の変化に着目し，その変化を成長として認めてあげましょう。変化を期待して叱ることはすばらしい行為です。

4 自治的な活動を奨励する

　5年生も後半ですから，少しずつ自治的な活動に移行させていきましょう。子どもたちが自分たちに関することを自分たちで決め，自分たちで運営していくということです。

　もちろん学校生活のすべてを自治的にするわけではなく，先生がある程度の枠組みを指定したうえで行います。

　自治的な活動を進めていくうえで重要になるのが「話し合い」です。話し合いのやり方を子どもたちに教えましょう。特に，学級で何かを決定する際に，「満場一致」は難しいので，どのように折り合いをつけるのか，その方法を教えるとよいでしょう。

（山中　伸之）

11月

先生，さっきの授業で，私たち別の意見があります。

授業が充実していたからかな。

143

「11月の荒れ」の
チェックポイント

生活面	□きまりやルールが共通理解されていない □ちょっとした投げかけに対する反応が鈍い □日直や係活動が機能していない □言葉づかいに丁寧さがない □友だち同士で嘲笑したり，煽ったりしている □頻繁に頭痛や腹痛を訴える子がいる
学習面	□すわっているとき，足元がフラフラしたり，いすをガタガタさせたりしている □号令に一体感がなく，声にやる気が感じられない □授業中の発言量が全体的に少ない反面，スピードが上がらない □指示や説明の意図を汲み取りながら話を聞くことができていない（教師の指示や説明が端的でなく，その回数も多い） □没頭して書き続けることができない □専科など，担任以外の先生の授業で気の緩みが見られる
対人面	□休み時間にいつも1人になっている子がいる □本人が嫌がるようなあだ名で呼ばれている子がいる □過度な「いじり」が見られる □仕事や当番が全員で平等に行われていない □「目くばせ」などでやりとりしている

1 生活面

　11月を迎えるころ，前ページのようなチェックが必要である学級とそうでない学級は明確に分かれていると思います。

　もしたくさんチェックがついてしまう場合，まずは学年主任，管理職の先生に相談することをおすすめします。すでに相談されている場合は，ぜひ継続的に教室を見ていただいてください。

　そのうえでまず着手すべきは，きまりやルールの確認です。小さなことを，丁寧に時間をかけて確認してください。

　例えば，時間と時刻を守ること。5分後に授業が始まるとすれば，開始時刻は「何時何分」か。ということは，休けい・準備時間は「何分間」あるのか。何を優先して実行し，どう過ごすべきか。

　これらを黒板に示しながら，1時間目から試してみる。そして，守っている子を称賛し，間に合わなかった子は何が原因か考える。それを教室全体の学びとして共有する。そして2時間目につなげる。

　決して「悪者」をつくるような指導ではなく，「見通しをもって考え，行動すればできるんだ」という経験を積ませるのです。

　返事も，当番・係活動も，言葉づかいも，友だちに対するリアクションも，同じように細かく見通しを立てて，実行し，フィードバックを行う。この繰り返しです。

　ただし，「うちの学級は…」と変に悲観したり，まわりと比べたりしないことです。考えるべきは，「残された時間でこの学級をよりよく育てるにはどうしたらよいか」の一点のみです。

　そして，担任も同じチームの一員として走り続けることが大切です。

2 学習面

11月は，すでに2学期の評価が視野に入っている時期だと思います。

10月に学習発表会のような大きな行事があった場合，なおさら急ピッチで授業を進めなければならないと焦ってしまうでしょう。

このとき，ある程度「自走状態」に入っている学級であれば，冒頭の学習面のチェックリストにたくさんのチェックが入ってしまうようなことはないと思います。

逆に，いわゆる「11月の荒れ」の状態を迎えている学級では，そもそも授業が成立せず，生徒指導面での対応に追われているかもしれません。

そう考えてみると，やはり生徒指導の機能を無視して授業を進めることはかなり難しいものと思います。同時に，自走していく学級では，生活の質が高く，人間関係も良好であると言えるでしょう。

そこで，「そもそも授業って楽しい時間なのだ」と再確認する必要があります。

統一感や一体感など，「みんなの一歩」を大切にするということです。

声や動きを通して全員を巻き込み，それを担任がうれしがる，喜ぶ，といったサイクルを授業に生み出しましょう。

そのうえで，スピードを上げていく意識をもちましょう。変に遅い子につき合ったり，待ったりしないことです。やや言い方は悪いかもしれませんが，全体のスピードが落ちると，学級全体の士気が落ちます。そうなると「荒れ」は助長される一方です。

全員で進むことを大切にしながらも，ある程度のスピードは保って授業をしていく。そのために教師がするべきことは，指示や説明の吟味，子どもたちの活動の確保，そして焦らず慌てない心構えです。

3 対人面

　ペア活動や自由対話について話題にすると、「ペアになれない子はどうしますか？」「１人になってしまう子はどうしますか？」といった質問をいただくことがあります。

　しかし、子どもたちに悪気があるわけではないことがほとんどです。単純に気づいていないのです。

　「あの子を外そう」とか「あいつとはなりたくない」といった意識をもっているわけではなく、「私は○○さんとなりたい」「私はこの人とがいい」と、自分のことで精一杯なのです。

　結果として、「あの子」が１人になっただけで、まわりはそんな結末を予想していないのです。

　ですから「みんな仲良く」「１人にしない」「自分だけはやめる」といった指導が入るとき、それは「後手の指導」になりがちです。

　それを回避するために、「目配り・気配り・心配り」の「先手の指導」をしておきましょう。いわゆる目的の確認です。

　この学級の友だちとどう関わることが自分や学級の成長につながるのかを考えるのです。

　そこに自己中心的な考えはなかったか、どうふるまうことがまわりの人に対して失礼のない行為なのか、といったことを考えさせます。

　アドラー心理学においても、ストレスの９割は人間関係が原因であると言われています。ぜひ、チェック項目の改善を「何のため」に行うのかを確認してみましょう。

（古舘　良純）

国語

長寿のお祝いは
どう呼ぶのかな？

1 授業の課題

> 「米寿」は八十八歳のお祝いです。
> では，「白寿」「喜寿」「緑寿」とは何歳のお祝いでしょう。

2 授業のねらい

　長寿を祝う漢字の謎を追究しながら，それらに込められた祝福の意図を読み解く。

3 授業展開

①長寿を祝う漢字レベル１

　円をかき，時計の12時の位置に「０歳」と書きます。12年ごとに生まれ年の干支に戻り，５周した60歳からは長生きのお祝いがあると話します。

T　まずはレベル１。「米寿」とは何歳のお祝いでしょう。

C　米？　ライス，白い，ご飯。うーん，何だろう。

C　聞いたことがあります。「米」を分解すると八十八になるんですよね。

T　正解！　じゃあ「白寿」は何歳でしょう。

②長寿を祝う漢字レベル２

　「米寿」「白寿（百－一＝九十九）」「川寿（ＩＩＩ）」と漢字を分解して見つけるパターンのお祝いを示し，慣れてきたころに次の段階に進みます。

Ｔ　さて，ここからはレベル２です。「卒寿」「傘寿」「喜寿」はそれぞれ何歳のお祝いでしょう。
Ｃ　えーっ，分解してもうまく読めないよ。
Ｃ　辞典で漢字を調べてもいいですか？　あっ，「卒」の字は「卆」とも書くんだって。
Ｃ　それなら「傘」も別の字を探すよ。「笠」？　じゃない「仐」だ！
Ｃ　「喜」は別の字がないよ。「喜寿」は七十七歳らしいけど。
Ｔ　「喜」はね，一筆書きのように続けて書くと見えてくるよ。
Ｃ　あー，言われてみれば「七七七」にも「七十七」にも見えるね。

③長寿を祝う漢字レベル３

　２つのパターンから漢字を見ることができるようになった子どもたちに，発展として次の漢字を示します。

Ｔ　もっと長生きするとどうなるだろう。「茶寿」「皇寿」「昔寿」は何歳？
Ｃ　「茶」の下の部分は「八十八」でしょ。上は「十十」かな。じゃあ全部足して108歳だ！　すごい長生き。
Ｃ　「皇」の上部分もさっきやった白だから「九十九」。下の「王」は「十」と「二」？　111歳になるね。
Ｃ　ここまででもすごい年齢だけど，もっともっと長く生きてもお祝いはあるのかな？

　その後，タブレットで調べた子どもたちは「毛寿（1007歳）」「栞寿（2018歳）」などを見つけ，さらに驚くのでした。　　　　　　　（宍戸　寛昌）

算数

５年生の中で本を一番
読んだのはこのクラスかな？

1　授業の課題

> 図書室の先生からクラスに賞状が届きました。
> ５年生の中で，一番本を読んだのはこのクラスなのでしょうか。

2　授業のねらい

　「一番本を読んだ」というあいまいな言葉を，データを基にした学級全体での話し合いを通して，筋道立てて説明できるようになる。

3　授業展開

①学習課題を確認する

　図書室から賞状をいただいた際に，子どもたちから「学年で一番本を読んだのはうちのクラスなの？」という疑問が出たので，それを学習課題にしました。自分たちで正解をつくっていく体験をすることができます。

T　このクラスが一番本を読んだと思っている人が結構多かったよね。
C　この間の放送で，学年ベスト10中６人もこのクラスの人だったよ。
C　でも，全然読んでない人もいると思うから，平均したら違うんじゃないかな。

②どうやって調べるかを考える

　何がわかれば結論が出るかを子どもたち自身に考えさせます。アイデアを多く出させて，それについて協議していきます。

T　どうやって調べていこうか。
C　他のクラスに賞状をもらったか聞いてみればいいんじゃない？
C　もし全クラスもらっていたら，このクラスが1位かはわからないよ。
C　クラスの合計冊数が多いかどうかで比べればいいんじゃない？
C　クラスごとに人数が違うから，それでは比べられないよ。人数が多いクラスの合計冊数が多いに決まってる。
C　他のクラスとの人数の差は1人でしょ。多いクラスの一番冊数が多い人か，一番少ない人か，中間の人の冊数をひけばいいんじゃない？
C　一人ひとりの貸し出し冊数を調べれば。
C　クラスごとの平均を出そうよ。そうすれば，クラスの人数の違いは気にしなくていいよ。そのためには，貸出合計冊数がわかればいいよ。だから，一人ひとりの冊数はわからなくてもいい。
C　でも平均がよくても，借りてない人がたくさんいたらだめじゃない？

③どのデータが必要かを確認する

　どの方法で調べるかについて考えてきた中で，どのデータがあればよいかについて検討します。ここでは，そのデータの確認をして，次時の活動につなげていきます。

T　学級の人数はわかっているけど，どのデータがほしいですか？
C　平均が知りたいから，クラスの貸し出し合計冊数が知りたいです。
C　割合とかも出したいので，やっぱり一人ひとりの貸し出し冊数も知りたいです。

（桑原　麻里）

理科

リバー製造装置で
実験用の模擬川をつくろう！

1　授業の課題

> 流れる水の量が変わると，流れる水の働きは変化するのでしょうか。

2　授業のねらい

　何度でも同じ模擬川をつくれる「リバー製造装置」を活用することで，5年生の「理科の考え方」である「条件制御」を意識しながら実験に取り組むことができるようになる。

3　授業展開

①5年生の「理科の考え方」を確認し，リバー製造装置を提示する

　この実験では，変える条件は水の量，変えない条件は川の形です。そこで，何度でも同じ川の形をつくれる「リバー製造装置」で実験をします。

T　5年生の理科では，どんな考え方を大切にして実験をする必要がありましたか？

C　調べたい条件だけを変えて，その他の条件はそろえる。

T　今回の実験では，調べたい，つまり変える条件と，変えない条件はそれ

それ何ですか？

C　変える条件は水の量で，変えない条件は川の形です。

T　同じ川の形をつくれるように，「リバー製造装置」を用意しました。

②リバー製造装置を使って，実験装置をつくる

　リバー製造装置は，短く切ったホースに針金を通したものです。針金はスチール製で，うまく成形ができない場合は数本を重ねてねじり，硬くするとよいです。子どもがつくってもよいですが，針金の先はとても危険です。実験ゴーグルと軍手を着けて作業しましょう。

T　リバー製造装置を使って実験用の川をつくりましょう。実験用のトレイに土を入れて，リバー製造装置を上から押しつけて型をつけ，それに合わせて川をつくりましょう。

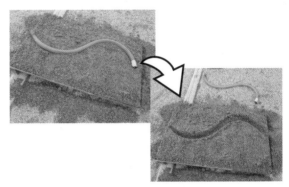

③自作した実験装置を使って実験し，結果の処理，考察をする

　自作した実験装置を使って，流れる水の量が変わると，流れる水の働きは変化するのかを調べます。リバー製造装置があれば，何度でも同じ形の川がつくれるので，1回だけではなく，何回も実験をさせるとよいでしょう。

T　水の量を変えながら，時間内に何度も実験してみましょう。

C　何度実験をしても，水の量を増やしたら，流れる水の働きが…。

（田中翔一郎）

道徳
♡

「友だち」に関する問いを考えて，話し合おう！

1 授業の課題

> 「友だち」に関する問いを考えて，話し合おう。
>
> （一斉指導の中で「どうしてあいさつをするの？」「長所と短所があるから人間だよね。短所がない人なんているの？」といった問いが子どもたちから出てきました。そこで本時は，自分たちで考えた問いを話し合っていきます）

2 授業のねらい

「友達」に関する問いをつくり，対話することを通して，信頼しながら友情を深め，健全な人間関係を築いていこうとする実践意欲と態度を養う。

3 授業展開

① 【導入】「友だち」について考える

本年度3回目の「友情，信頼」です。1回目と2回目は特に「信頼」に重点を置きました。今回は，自分たちで問いをつくる活動を行います。

T 今日は「友だち」について考えていきます。今回は，自分たちで「友だち」に関する問いを考え，1つ選んでみんなで話し合っていきましょう。
C そんなの難し過ぎて無理そう…。

T　そうかな？　普段から道徳の授業で「そもそも○○って何かな？」と自
　　分たちで考えているでしょ。だからできると思うよ。つくってみよう。

② 【展開】問いを考える

　問いを考えることに抵抗感がある子どももいることが予想されます。その
ため，問いづくりのヒントとなる「どうして○○するの？」「○○と△△の
違いって何だろう？」などの型を Google スライドを活用して提示します。

T　では，スライドを参考にしながら，問いを考えていきましょう。
C　友だちと親友って何が違うの？
T　「友」という漢字は同じだけど，たしかに何が違うのかな？
　　（以下，教師の言葉かけは省略）
C　友だちってどうしたらできるの？
C　どうして友だちになれたのだろう？
C　どうして友だちがほしいの？
C　そもそも友だちってどういう人？

11
月

③ 【展開】対話を通して「友だち」について考える

　「どうして友だちがほしいの？」という問いを子どもたちが選びました。
この問いから派生しながら，「友だち」について考えました。

C　だっていたら楽しいやん。
C　人生が楽しくなる。
T　人生が楽しくなるってどういうこと？
C　安心できるし，相談にものってくれる。
　　（対話が進む）
T　自分たちで考えた問いについてたくさん話し合ったね。そのことを振り
　　返って，自分の考えをワークシートに書きましょう。

（中村　優輝）

12月の 学級経営の ポイント

1 授業内容のまとめと 振り返りをする

　12月はまとめと振り返りをする月です。加えて，冬休みの準備や指導も行います。成績を出したり通知表の所見を書いたりもするので，ちょっと油断すると，あっという間に終業式になってしまいます。慌てることのないよう，計画的に授業を行っていきましょう。

　まず，2学期に予定されている指導内容は，12月中旬ごろには終えることを目安にして，進度を確認しておきます。12月に入ったらおおまかな授業計画を立てましょう。実際に授業を進めながら，もしも遅れている場合は無理のない範囲で調整します。

　2学期の学習内容の指導を終えたら，総復習をさせます。子どもたちにとっては，学習のまとめにも振り返りにもなります。同時に，保護者には学習内容が終了したことの報告にもなり，安心してもらえます。

　復習の方法は，ドリルやプリントや練習問題を解くのが一般的ですが，教科書やノートを読み返してキーワードを抜き出し，キーワードの意味や説明を自分でまとめることも，よい復習となります。

2 お楽しみ会を より子ども主体で行う

　1学期末と同じくお楽しみ会を開いてみましょう。1学期末よりレベルアップを目指し，より主体的に行えるように指導します。

　まず，子どもたちとお楽しみ会の目標を考えます。「全員で協力してつくり上げよう」「みんなが笑顔になれるお楽しみ会にしよう」など，ただおもしろいだけのお楽しみ会から，少し向上したものにします。

　次に，準備や当日の運営にだれもが関わることができるようにします。そのためには，当日の司会進行などの定番の役割の他にも，いくつかの役割を考える必要があります。この役割を考えることも，子どもたちに任せるとよいでしょう。役割の例としては「ポスターをかく」「飾りをつくる」「大きな声を出して盛り上げる」「時間を調整する」などが考えられます。

　役割が決まったら，それぞれの役割ごとに作業をしたり練習をしたりする機会を設けます。実際の準備は昼休みや放課後になってしまうので，ときどき声をかけて進捗状況をつかんでおきます。

3 生活についての
　振り返りと自己評価をさせる

　学習のまとめや振り返りと同様に，生活についても振り返りを行います。

　生活についての振り返りは，子どもたちに自己評価をさせるとよいでしょう。それぞれの学校や学年で，評価項目を決めた一覧表があると思いますが，ない場合は本やネット上から入手することもできます。

　3段階での評価などの他に，「特にがんばったこと」「1学期よりもがんばったこと」というように観点を決めて，文章で書かせると，内容が具体的にわかります。2学期の行事一覧などがあると，子どもたちも評価がしやすいでしょう。

4 健康管理に
　気を配る

　12月はインフルエンザの流行が心配される時期です。気温が低くなり，日差しも少なくなるので，健康を害しやすくなります。

　教室内の気温・湿度の調整や換気などに配慮し，子どもたちの様子にも普段以上に目を配りましょう。また，少し具合が悪いと思ったら，早めに申し出るように，子どもたちに伝えておくことも必要です。

　欠席が少なければ少ないほど，授業も事務処理も効率的に進めることができます。子どもたちの健康管理に気を配るのはとても大切なことです。

（山中　伸之）

お楽しみ会の計画を立てよう。

希望する役割を言ってください。

ぼく，声が大きいので盛り上げ係をやります！

2学期の振り返り

1 学級づくり

　1学期は，人間関係構築のために時間を割きました。学級が安全基地としての機能を発揮するようになると，クラスは安定したように見えます。教師もそこで安心しがちですが，ここで手を抜くと，クラスは停滞に向かいます。だからこそ，2学期は教師が構成した課題を他者と協働して解決していけるような集団を目指していきます。例えば，5年生の2学期は運動会や音楽祭，学習発表会などの行事を牽引する機会が増えます。そこで，より多くの子がリーダーとフォロワーを経験できるようにします。教師は，子どもたちが安全基地から一歩を踏み出せるように背中を押し，見守ります。そして，うまくいっているところを丁寧に見取り，認め，価値づけていくことが大切です。

　以上の点を踏まえて，次のような視点で2学期を振り返ってみましょう。

□集団のゴール像やその価値が子どもたちに共有されているか。
□学級内のきまりごとが子どもたちに浸透し，守られているか。
□学級全体のことを考えて行動できるリーダーが育っているか。
□子どもも教師も「ありがとう」「助かったよ」というポジティブな言葉を意識的に活用できているか。
□教師は教えることと見守ることを状況に応じて使い分けられているか。
□リーダーとしての役割を，多くの子が経験できているか。
□子どもが主体的に行動できるシステムがあり，機能しているか。
□教師と子どもの関係が「主従関係」のようになっていないか。

2 授業づくり

　学級づくりにおいては「みんなで助け合うことが大切」と協力原理を働かせた指導をしておきながら，授業では「１人で考えることが大事」「素早く問題を解きましょう」と，競争原理に偏った指導をしていないでしょうか。子どもたちが登校してから下校するまでの多くの時間は授業が占めているからこそ，２学期は他者と協力して課題解決に取り組むよさを実感できるような授業づくりが必要です。そのためには，ペア学習やグループ学習，学び合いや教え合いの活動が有効です。つまり，学力向上と対人能力等の社会的スキルの同時学習を促進していくのです。３学期に向けて，授業の中でも人間関係をつくり，教師の力に依存した授業からの脱却を目指していきます。

　以上の点を踏まえて，次のような視点で２学期を振り返ってみましょう。

□友だちと協力して学習を行うよさが，学級内に共有されているか。
□問題を解けなくて困っている子がいたら助けてくれる子がいるか。
□わからない問題があったら友だちに助けを求めやすい雰囲気があるか。
□「全員が○○を説明できるようになる」など，友だちと交流を促すような課題設定の工夫をしているか。
□他者と進んで関わろうとする子の姿が，１学期よりも増えたか。
□学習のルールはきちんと守られているか。
□難しい課題にも，あきらめずに取り組むことができているか。
□子どもたちの活動に教師が適切にフィードバックを行っているか。

（水流　卓哉）

学級イベント 指導ポイント＆ 活動アイデア

1 指導ポイント

☑ 「イベントは自分たちでつくるもの」ということを強く意識させる

> イベントはあくまで自分たちでつくるもの。最初にこのことをはっきりと伝え，強く意識させることが大切。

☑ どのようなイベントにするのか子ども自身に考えさせる

> ゲーム，グループごとの出し物など，どのような内容のイベントにするのか，子ども自身にアイデアを練らせる。

☑ 実行チームを組織する

> 司会進行部，ゲーム部，音楽部，飾り部など，実行チームを組織して，全員で必要な準備を行わせる。

☑ 保護者や地域の方を招待する

> 保護者や地域の方を招待するイベントも1つの方法。「だれかを喜ばせる」という目標があれば，子どもたちの意欲は一層高まる。

☑ イベントの最後は教師からのご褒美で締め括る

> がんばった子どもたちをしっかりとほめてイベントを締め括り，達成感や満足感を味わわせる。内緒のご褒美も効果的。

2 活動アイデア

①学級会を仕組み，イベントを計画させる

　高学年になった子どもたちとイベントを行う際，特に大切となるのが，終始子ども主体で行わせることです。「イベントは自分たちでつくるもの」ということを子どもたちに強く意識させましょう。

　その後，イベント名や大まかな内容を考えさせます。イベント名は「5年1組忘年会」「ウィンターフェスティバル」「クリスマス集会」など，何でもよいと思います。内容は，ゲームや出し物を中心としたお楽しみ会，スポーツ大会など，極力子どもたちがやりたいことを中心に企画させます。

　続いて，会を成功させるために，実行チームを組織します。司会進行部，ゲーム部，音楽部，飾り部など，イベントを成功させるために必要な役割分担を行います。もちろん，全員が必ずどこかの役を担うようにします。その際，各部のリーダーを1名選出させておくと，急遽話し合いが必要になったときなどに，スムーズにリーダー会を開くことができます。

　以下は，イベントを計画する際の板書例です。

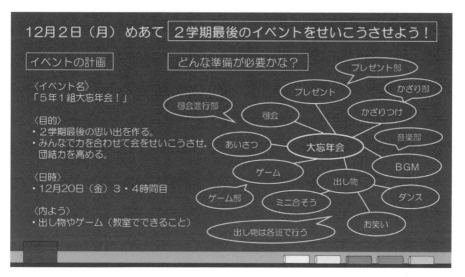

②実行チームを中心に準備を行わせる

　イベントが成功するかどうかは，実行チームをいかに組織するかで決まります。実行チーム（部）は，子どもたちとの話し合いを踏まえ，例えば，以下のようなものを組織してみましょう。

【実行チーム（部）の例】
・司会進行部（当日の司会。はじめの言葉やおわりの言葉も担当する）
・ゲーム部（みんなで行うゲームの企画・進行）
・飾り部（教室の黒板や飾りつけ。人数が多い方がよい）
・音楽部（BGM やみんなで歌う歌の準備を行う）
・プレゼント部（みんなにプレゼントをつくって配る）　　　　　など

　なお，ゲーム部が企画したゲームのみでも十分イベントは盛り上がりますが，グループごとに出し物を披露する時間を設ければ，一層充実した会になります。子どもたちだけで出し物の内容がなかなか決められないようであれば，教師からいくつかアイデアを示すことも考えられます。以下，出し物のアイデアを示しますので，参考にしてください。

【出し物の例】
・クイズ（本で調べてもよいし，オリジナルのクイズでもよい）
・歌・合奏（音楽の時間で学習した曲でも OK）
・ダンス（運動会で行ったダンスでも OK）
・ものまね（動物のものまね，先生のものまねなど）
・本の読み聞かせ（あまり長過ぎない絵本がおすすめ）
・お笑い（漫才やコント，一発ギャグなど。みんなで大笑い）
・手品（かなり練習が必要）　　　　　　　　　　　　　　　　など

③保護者や地域の方を招待し，感謝の気持ちを伝える

　子どもたちだけで行うイベントもよいですが，保護者や地域の方などを招待し，普段お世話になっていることへの感謝の気持ちを伝えるイベントを企画するのもおすすめです。特に5年生の子どもたちは，3学期に行われる6年生を送る会を中心になって企画・運営する立場にあるので，2学期のうちにこうした経験を積ませておくことはとても大切です。

　保護者を招待する場合は，②であげた出し物に加えて，自分たちの成長を伝えるプレゼンテーションなどを行わせるとよいでしょう。また，家庭科の学習を生かしたプレゼントづくり（布でつくる小物など）を行うのもおすすめです。

　地域の方を招待する場合は，総合的な学習の時間で調べた地域のこと，普段お世話になっている地域の方への感謝の気持ちなどを伝えさせるようにしましょう。また，保護者を招待するイベントと同様に，ちょっとしたプレゼントをつくり，感謝のメッセージを添えて渡すことも考えられます。

　このようなイベントを企画する場合は，②の実行チームの中に，「プレゼンテーション部」「招待状作成部」などを新たに設けるとよいでしょう。

12月

小物のプレゼントを手づくりする様子

自分たちの成長を伝えるプレゼンテーション

（有松　浩司）

163

2学期の通知表文例

●授業で積極的に発言できる子ども

> どの授業でも積極的に発表することができます。まわりに自分の意見を伝えようとする意欲が高く，間違いを恐れずに発言できるので，クラス全体の話し合い活動が活発になりました。

発言力が，クラス全体の学習によい影響を与えていることを伝えます。

●古文の中の言葉を自分なりに考えられる子ども

> 国語の古文の学習では，枕草子に出てくる言葉から感じたことをみんなの前で発言したり，描かれている場面を言葉から思い浮かべながら音読したりしていました。

思い浮かんだことについて発言したり，表現したりすることを評価します。

●集中力が低いものの好きな活動はがんばれる子ども

> 図画工作の絵画では，細かいところも下描きで丁寧にかいていました。じっくりと考えながら，集中して活動に取り組んでいました。

図工の作品づくりの取組の具体的な様子を通して，1つのことに集中するという苦手なこともがんばれたすばらしさを伝えます。

●元気よくあいさつができる子ども

　　毎朝，昇降口で「おはようございます！」と元気なあいさつで学校を明るくしています。その姿は，全校児童のお手本となって学校中に広まっています。

あいさつで学校全体によい影響を与えてくれていることを評価します。

●読書が好きな子ども

　　休み時間にはいつも図書室へ行き，様々な種類の本を借りて読んでいます。豊富な知識量で，○○さんの発言には説得力があります。

読書によって身についた知識を生かしていることを評価します。

12
月

●友だちと分け隔てなく遊べる子ども

　　休み時間になると，いつもクラス全体に声をかけ，いろいろな友だちと仲良く遊ぶことができました。

「行動の記録」の評価と一致していることにも注意しましょう。

●教室で落ち着いて過ごすことができない子ども

　　毎朝職員室に来て「今日は何がありますか」と予定を聞き，教室に戻って必要なことをクラスみんなに伝えることができました。

みんなのために行動できた場面を見取り，評価します。

●下級生の安全に気を配って活動できた子ども

全校稲刈りでは，ペアになった2年生が安全に活動できるように，鎌の使い方を隣でアドバイスしていました。最後まで落ち着いて活動し，交互に稲を刈り取ってたくさんの収穫に貢献しました。

上級生らしい具体的な様子を保護者に伝えます。

●責任感がある子ども

運動会では，準備係を務めました。安全に競技が進められるよう，自分の持ち場でしっかり責任感をもって仕事をやり遂げました。

保護者からは見えにくい行事の役割でのがんばりを具体的に伝えます。

●臨機応変に行動できる子ども

○○小フェスタでは，ゲームの司会を務めました。ルールが理解できない人がいれば実演するなど，臨機応変に活動することができました。

自分でその場に応じて行動できたことを評価します。

●自分がやりたい仕事でないと意欲がわかない子ども

給食当番では，自分のやりたい仕事ではないときも友だちと一緒にがんばりました。どんな仕事も大切であるという気持ちが育っています。

できるようになってきている成長の過程を伝えます。

●得意のイラストでクラスを明るくした子ども

　絵をかくのが得意で，クラスの一人ひとりをかわいいゆるキャラにして学級新聞で紹介してくれました。ユーモアがあり，いつもみんなを笑顔にしています。

　クラスのために自分の特技を生かしたところを見ておくことが大切です。

●みんなの誕生日にバースデーカードを用意した子ども

　月に一度，クラスの誕生日会を開き，誕生月の人の好きなキャラクターのイラストを入れた手づくりのカードを用意し，一人ひとりに手渡していました。

　一人ひとりに合わせてカードをつくったという，細やかな気づかいを取り上げて伝えます。

12月

●忘れ物が多い子ども

　楽しみにしている工作クラブでは，忘れ物がないように前日のうちに連絡帳に記録し，きちんと持ってくることができました。忘れ物をしないように意識して生活を送ることができています。

　苦手なことにもその子なりにがんばって取り組んでいる姿を見つけ，励ますことがポイントです。

（五十嵐太一）

1月の
学級経営の
ポイント

1 1，2学期の個人目標を連続して振り返り，3学期の目標を決める

3学期のスタートである1月は，高学年にふさわしい自分になれているかを考えてみるよい機会です。1学期と2学期の個人目標を見返して，自分がどのように取り組んでいたかを改めて振り返る機会を設けましょう。そのうえで，3学期をどのように過ごしていくかを考えます。

個人目標を振り返る観点は次の2つです。
1　どの程度，目標を達成できているか
2　目標達成への意欲はどの程度だったか

それぞれパーセントで振り返っても，10段階や5段階で振り返ってもよいでしょう。

ここでの振り返りのポイントは，「1学期と2学期の目標を連続して振り返る」というところにあります。1学期の目標と2学期の目標の2つを同時に振り返ることで，目標達成への自分の意欲を客観的に見ることができます。

そのうえで，高学年にふさわしい自分になるための3学期の目標を考えさせます。これは，6年生に進級することを意識させるうえでも有効です。

2 最高学年への心構えをもたせる

5年生の3学期は，6年生への準備期間でもあります。しかし，それを自然と意識する子どもは少ないものです。何も指導しなければ，いつもの3学期で終わってしまいます。

そこで，最高学年である6年生としての心構えについて，なるべく具体的に意識させておきましょう。次のようなことは比較的時間をかけずにできるのでおすすめです。
①教師の説話

6年生の1年間の仕事，6年生に求められる行動，6年生の責任などについて，エピソードを交えながら，担任の経験を話します。
②6年生の話を聞く

6年生の代表児童に教室に来てもらい，6年生としてどのように活動したか，どのようなことに気をつけたか，どんな気分だったかなどについて話してもらいます。6年生の生の声は，よい意識づけになります。
③6年生に手紙を書く

個人ではなく6年生全体に対して，5年生としての今の決意を手紙に書きます。文字に書き表すことで，気持ちが鮮明になります。

3　3学期の見通しを
　　もたせる

　5年生の3学期は，6年生にかわってリーダーとしてふるまう機会が少しずつ増えてくる時期です。6年生と関わる場やリーダーとして活動する場について，いつごろのようなことがあるのか，見通しをもたせておきましょう。

　具体的には，3学期に行われる活動のうち，6年生に関わる活動を月ごとに板書したり，テレビに映したりします。なるべく早い時期に行った方が子どもたちの意識も高まります。

　例えば，6年生を送る会，卒業式の練習，卒業式の式場づくり，最後の委員会活動などです。それぞれについて，どんなことをするのかを簡単に説明しておきましょう。

4　6年生を送る会に
　　主体的に取り組ませる

　6年生を送る会は，5年生が中心となって行う最初の行事です。この会を上手に運営することができると自信になり，最高学年への意識も高まります。

　忙しい3学期ですから，準備に十分な時間が取れないことも考えられます。そこで，早め早めに準備をしておくとよいでしょう。早過ぎるということはないので，思い立ったときに少しずつ準備を進めます。子どもたちの中から実行委員を募り，昨年の運営を基にして，子どもたちの意見も取り入れながら計画を立てるようにします。

　　　　　　　　　　　　　　　（山中　伸之）

1月

3学期はじめの
チェックポイント

生活面	□きまりやルールを積極的に守ろうとしていない □自分たちの教室を居心地のよいものにしようという意識が低い □明るい声が教室であまり聞かれず，自然に笑いが起きることもない □言葉づかいに優しさがない □時には厳しく注意し合えるような雰囲気がない □整列や移動，活動のメリハリがない
学習面	□立腰し，背筋からやる気が感じられるような姿が見られない □号令の際の礼に気持ちが込められていない □発言が噛み合わず，個々の違いが生きていない □友だちの話を聞きつつ，自分の考えを確かにもつことができない □教師の指示待ちが多い
対人面	□全体を見てパッと少人数のグループをつくることができない □一人ひとりのよさから学び合おうとしていない □だれとでもうまくつき合い，前向きに関わることができない □笑顔やユーモアがあまり見られない □みんなのために自分の力を使おうとする意識が低い

1 生活面

　3月のお別れを意識する時期です。残り日数のカウントダウンを始める学級もあるのではないでしょうか。

　生活面では，いかに自治的な風土があるかに焦点を当ててチェックしていくとよいでしょう。

　特に，教室に響く声の質は大切にしたいものです。明るい声が聞こえたり，適切な大きさの声で話せたりすることが重要です。

　また，一体感が生まれていると笑うタイミングが同じになります。

2 学習面

　教師の指示待ちから脱却を図っていくべき時期です。なぜなら，子どもたちに「学びの主体は自分たちである」という意識をもたせたいからです。

　6年生に進級した際，受け身の状態では困ります。与えられた内容，課せられた問題だけをただ消化していくような学びではなく，自分たちで学びをつかみ取っていくような子どもたちに育てていくのです。

　1年間の授業の成果が実る時期とも言えます。

3 対人面

　進級に向けて頭を悩ませるのが学級編成です。もちろん様々な要素を踏まえながら編成するものの，一番大きな課題が人間関係でしょう。

　しかし，3月の段階でだれとでもうまくつき合い，前向きに関わる子が増えれば，6年生でも困ることはありません。生活や学習を大切にしながら，来年度への見通しをもった指導を行なっていくとよいでしょう。

（古舘　良純）

係・当番活動
レベルアップ作戦

1 子どもの姿を全体に共有する

　係・当番活動をレベルアップするには，がんばっている子どもの姿を全体に共有するのが大切。共有するポイントは「写真で」「簡単に」です。

　写真を使うのは視覚的に伝わりやすいからで，簡単にするのは教師が続けやすくするためです。よい取組も1回で終わっては効果がありません。

　具体的には，勤務校のタブレットに入っているプレゼンテーションソフトで下のようなテンプレートを作成します。そして，撮影した写真を挿入してひと言を打ち換えるだけで，何度も使い回しができます。

　あとはA5サイズで印刷し，教室の後ろに掲示をしていきます。

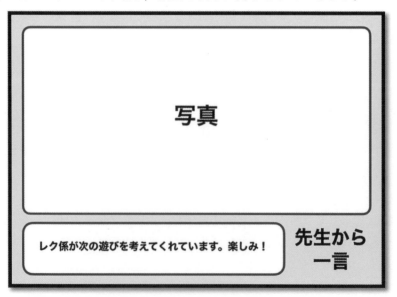

2 「当番活動がんばり週間」でがんばりを引き出す

3学期のはじめには，子どもたちのがんばりを引き出すために，「当番活動がんばり週間」にチャレンジします。期間を1週間設定したら，子どもたちには「この1週間はいつもより当番活動（掃除当番や給食当番など）にがんばって取り組んでみよう」と声かけをします。

そして，1週間後にアンケートを行います。「ひと言もしゃべらずに黙々と掃除に取り組んでいた」「担当の場所が終わったら，自分で汚れているところを見つけて掃除していた」など，自分のまわりでがんばっていた子を1人見つけ，がんばっていたエピソードを具体的に書いてもらいます。

「〇〇週間」のような取組はたくさんありますが，取り組んだ後には，子どもたちのがんばりを評価するところまでをセットで行うと，まわりの子どもたちにもよい影響を与えることができ，学級の係や当番活動が少しずつレベルアップしていきます。

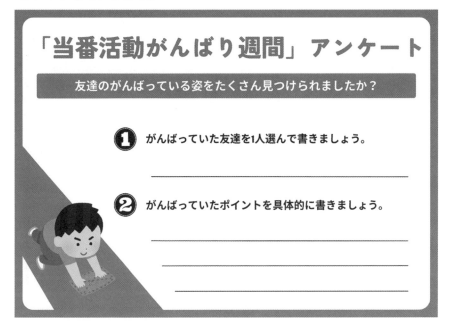

「当番活動がんばり週間」アンケート

友達のがんばっている姿をたくさん見つけられましたか？

❶ がんばっていた友達を1人選んで書きましょう。

_____

❷ がんばっていたポイントを具体的に書きましょう。

_____

_____

_____

3 表彰状でがんばりを評価する

　前ページで紹介した「当番活動がんばり週間」のアンケートで，まわりの子からがんばりを評価されていた子どもには，表彰状を作成して教師から表彰する機会をつくります。

　「高学年にもなって，表彰状なんて渡されてもうれしくないのでは？」と思うかもしれませんが，何年生になってもがんばりが評価されるのはうれしいものです。口頭で評価するだけでも効果はありますが，表彰状で特別感を演出することで，「がんばりを認めてもらえた」という，より前向きな気持ちにつながります。また，それを見たまわりの子どもたちにもよい影響を与えることができます。

　表彰状はCanvaというアプリで作成しています。「表彰状」と検索することで，豊富なテンプレートがヒットするので，簡単に見栄えのよい表彰状を作成することができます。

表彰状

○○　○○

あなたは日々の当番活動において、積極的に取り組み、周りの人へのよいお手本となりました。
よってここに表彰します。

令和　年　月　日

4　進級に向けた願いを形にする

　5年生も残りわずかになり，「あと数か月でこんなことをしたいな」という思いをもっている子どもたちが必ずいます。そんな願いを引き出し，形にする中で，クラスの係活動をレベルアップさせていきましょう。

　まずは，「残りの期間をよりよく過ごすアイデアを募集します！」と子どもたちに伝え，クラスにポストと願いを書く紙を設置します。ポストは段ボールに画用紙を貼ったシンプルなもので構いません。挙手形式にしないのは，「みんなの前で言うのははずかしい」という子の声も聞くためです。

　1週間ほど経過した後に，ポストに入っている願いを公開し，どうすれば叶えることができるかクラスで話し合っていきます。そして，中心になって進めたい子どもたちで「お楽しみ会企画係」「クラス鬼ごっこ企画係」「漫才係」「クイズ係」などを立ち上げ，「いつ，どこで，どんな内容で」行うのかを検討していきます。

（西尾　勇佑）

2月の 学級経営の ポイント

1　3月までを見通して 学習計画を立てる

　3月には卒業式が予定されています。どの学校でも周到に準備し十分に練習をして臨むでしょう。多くの学校で，卒業式の数週間前から式場をつくり，6年生が実際の式場とほぼ同じ状態で練習ができるようにするのではないでしょうか。場合によってはフロアにいすを並べることもあるかもしれません。そうなると，卒業式までは体育館が十分に使えないということになります。

　体育館が使えないので，体育館での体育の授業は普段のようには行えません。その他の体育館を使う活動もできません。そのことを考慮しておく必要があります。

　3月までの学習を見通して，体育館で行う体育や活動は，少し前倒しをしたり，実施時期を入れ替えたりするとよいでしょう。

　5年生は，式場づくりの中心となって働きますし，卒業式の練習や準備にも，他の学年より多くの時間が必要になります。授業が滞ってしまったり，急な変更をしなければならなくなったりしないよう，3月までの見通しを立てておきましょう。

2　6年生を送る会に 全力で取り組ませる

　5年生の2月は，なんといっても6年生を送る会を滞りなく実施することに尽きると言ってもよいでしょう。全校児童参加の大きな行事ですから，5年生の出番も仕事も多く，準備に相当な時間が必要です。

　しかし，中心となって活動している子は主体的に取り組むものの，その他の子の参加意欲が高まらないことがあります。そうならないために，いくつか工夫をするとよいでしょう。

　例えば，自分たちの取組を4年生に教えてあげます。来年は現4年生が中心となって行うので，4年生も関心をもつでしょう。教えることで自分たちの意欲も高まります。

　また，5年生は運営，催し物，プレゼントなど，担当に分かれて準備をすると思いますが，それぞれのグループでどんなことをしているのかは意外にわからないものです。そこで，各グループの進捗状況を朝の会などで紹介し合います。

　このような活動を交えて，全員が主体的に取り組めるようにしていきます。

3 子どもたちの心身の 健康に目を配る

2月になると，子どもたちもだんだんと忙しくなります。6年生を送る会や卒業式などの準備や練習に追われるようになるからです。すると，休み時間に友だちと触れ合ったり遊んだりする時間が少しずつ削られていきます。

そのため，仲のよい友だちとちょっとしたすれ違いや思い違いが起こってしまい，それをきっかけに友だち関係が微妙に変化することがあります。そのことで思い悩んでしまう子が出てこないとも限りません。

子どもたちが忙しくなり始めたら，子どもたちの様子に目を配り，意図的に触れ合う時間を設けるようにしましょう。

4 デジタル思い出文集 をつくる

何かと忙しい2月で，なかなか時間はないかもしれませんが，もしもどこかで時間が取れれば，記念に文集をつくっておきましょう。

2月から開始して，3月までかかってつくるというような長い期間で考えれば，あまりあくせくせずにできます。

原稿用紙に書いて印刷をするというものではなく，各自が持っているタブレットで作成します。写真と文章を絵日記風にしたものに先生の文章も加えて，1つのフォルダに保存するだけです。

これだけでもよい思い出になるでしょう。

(山中　伸之)

2月

6年生に感謝の気持ちが伝わるように…

６年生を送る会
指導のポイント

1　会の意味を丁寧に説明する

　いよいよ最高学年へと向かう５年生。６年生を送る会は，その第一歩でもありますから，できるだけ自分たちで考えたり，工夫したりする経験をさせたいところです。しかし，学年の規模や実態によって，子どもたちに考えさせるのが難しいケースもあると思います。そこで，ここでは手軽に「自分たちで考えた」という実感をもたせることができる取組を紹介します。

2　呼びかけのセリフを決める話し合いを行う

　まずは，呼びかけにひと工夫を加えることです。コロナ禍をきっかけに，在校生が卒業式に参加することが少なくなり，在校生代表としてのメッセージを６年生を送る会で行う学校も多くなってきたようです。しかし，こういった呼びかけは，教師が台本を考えて子どもたちに練習をさせるという流れがほとんどです。たくさんの子どもたちを一度に動かそうとすると仕方がないことなのですが，在校生としての所信表明を教師の指示通りに言わせるというのは不自然に思えます。

　そんな違和感を少しでも取り払うために行うのが，呼びかけのセリフを決める話し合いです。「各クラス３フレーズずつ」というように事前に配分を決めておき，話し合いで言うセリフを決定するのです。また，運動会や集団登校のように場面を出し合うだけでなく「毎日の集団登校」「低学年の子に優しく声をかける姿が心に残っています」というように，どんな場面をどんな言葉で伝えるかまで話し合うと，よりオリジナル感を高めることができま

す。話し合い活動を普段行っていない学級では，例をいくつか先に示しておいたり，一人ひとりに案を先に書かせておいて班ごとに出し合うなどのスモールステップをつくったりするとよいでしょう。

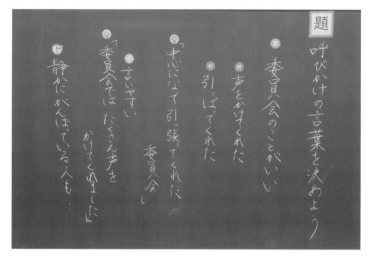

話し合いを通して，自分たちでつくった実感を

3　場合によっては，セリフの考案まで任せる

　また「6年生にメッセージを伝えたい人はいる？」と，言いたい子を募っておいて「では，次の練習までになんて言うかを考えておいてね」とセリフの考案を任せることもできます。もちろん，問題があったときには直しますし，他の部分では全員で取り組めるような場面をつくります。少し大胆ですが，「6年生ではこうやって自分で考えることが増えていくんだ」という印象を強くもたせることをねらった取組です。

　学年の実態や人数は様々です。きっとそれぞれにできる活動，できない活動があるでしょう。その中で，どうすれば子どもたちに「自分たちで決めた」という実感をもたせられるか。それが高学年の指導のカギを握ります。

（佐橋　慶彦）

3月の
学級経営の
ポイント

1 1年間を振り返って 成長を自覚させる

3月の最後の数日間を使って，1年間の学習内容を振り返りましょう。教科書の目次を見て，その単元で身につけた知識や技能を，教科書を見ずにノートに書いていきます。だいたい書けたら数人のグループになり，ノートに書いたことを1つずつ発表し合います。友だちの発表を聞きながら，大事なことはメモするようにします。これだけでも1年間の学習の振り返りになります。

学習内容の振り返りと同様に，1年間の生活の振り返りもしておきましょう。1年間の行事一覧を板書したり，テレビに映したりしながら，その行事で自分なりに努力したこと，達成できたことを思い出してノートに書いていきます。その後，数人のグループになり，各自が書いたことを発表し合います。

ノートに書かせることで，何ができるようになったか，どんな努力をしたかがわかります。それによって，1年間の思い出を懐かしむと同時に，自分自身がどれくらい成長できたのかを確認することができます。

2 どんな6年生になりたいか を考えさせる

5年生はこの1年間，事あるごとに，最高学年を意識してきました。3月はいよいよそれが目前に迫る時期です。6年生を送る会の計画・運営や卒業式の準備・練習を通して，子どもたちの意識も高まってきています。

そこで，目前に迫った最高学年としての活動を見据えて，どんな6年生になりたいかを考えさせましょう。6年生の話を聞いたり，6年生が活躍している映像を見たりしたうえで，「自分が6年生になったらどのような態度で下級生に接したいか」「リーダーとしてどのようにふるまいたいか」などについて，各自の思いを作文に書かせます。

6年生が目前に迫ったこの時期だからこそ，子どもたちも現実感をもって考えることができます。でき上がった作文のうち何点かを紹介して，思いを共有してもよいでしょう。

このようにして最高学年への意識を高めて卒業式の練習や準備に臨むことで，下級生に対する態度や自分自身の参加意識も，最高学年にふさわしいものになっていくはずです。

3 学級納めで 次年度への種をまく

　1年間の出来事を振り返りながら，個人の成長や学級の高まりを自覚できるような学級納めを行い，次年度につなげましょう。

・思い出のDVD

　4月から撮り溜めてきた写真をDVDにまとめ，みんなで視聴して成長を振り返ります。

・30秒スピーチ

　印象に残る出来事を伝え合い，互いの成長を感じ取ります。楽しかったこと，学んだこと，感謝したいこと，などを語り合います。

・最後の学級だより

　担任の思いを込めた学級だよりを発行します。感謝の気持ちを素直に伝えると，子どもたちも満たされた気持ちになります。

4 大掃除をして 教室に感謝する

　最後の最後に，1年間お世話になった教室の大掃除をして終わりましょう。

　「来たときよりも美しく」という気持ちは，日本人の美徳として，今や世界中に認められるすばらしいものです。そのことを子どもたちに伝えながら，掃除をしましょう。

　学校で決められている掃除の仕方だけで終わってしまっては意味がありません。どこをどのように美しくするかを子どもたちに考えさせ，自分で考えたことを実践させましょう。

　子どもたちは多彩なアイデアを出し，意欲的に取り組んでくれるでしょう。すっきりした気持ちで最終日を迎えることができます。

（山中　伸之）

3月

1年間の振り返り

1　学級づくり

　6年生を送る会や卒業式など，5年生の3月はとても慌ただしく過ぎていきます。そして新年度4月には，入学式や1年生を迎える会など，全校を引っ張っていく機会が増えていきます。もちろん，6年生に向けて前向きな展望を抱けるようにしていくことは大切ですが，それだけでなく，教師も子どもも5年生としての1年間を適切に振り返ることを忘れてはいけません。

　では，1年間を振り返りながらも，子どもたちの意識を最高学年へとつなげていくためには，何を大切にしたらよいのでしょうか。

　心理学者のジェア・ブロフィは，人の動機づけ（やる気）を「期待×価値」のモデルで説明しています。「期待」とは「見通し」，「価値」とは「それをなすことのよさ」と捉えられます。人は，見通しをもち，それをなすことのよさを自覚することで，何かに取り組む意欲を高めることが可能になると考えられます。

　ブロフィの考え方は，5年生の3月の段階になすべきことについて示唆を与えてくれます。例えば，6年生になると，学校を牽引する存在になることや，4月から取り組むことになる活動の枠組みを示しておくことによって，自分たちの「見通し」をある程度把握できるようにします。予測可能な環境は，人に安心感を与えることになるからです。また，行事を運営し，学校に貢献していくことは，教職員はもちろんのこと，卒業する6年生や新たに入学する1年生から感謝されることになるということも伝えていきます。人は愛されたり，他者に貢献したりする過程を経て，自分なりの居場所を見つけることが可能になるからです。そういった安心感や居場所が教室内に確立さ

れていることは，子どもたちの次年度への挑戦を後押しします。

　さらに，６年生からも協働することになる仲間たちの存在にも目を向けられるようにしていく必要があります。例えば，ここまで成長できたのは自分の力だけではなく，友だちとの助け合いの中で今の自分が形成されているということです。また，来年も他者との関わりの中で自身を成長させていこうという前向きな思いです。次年度への「見通し」をもたせ，行事の中で，他者と協力する過程で得られる「よさ」があることを自覚できるようにすることで，子どもたちのやる気を引き出すことができるようになるのです。

　では，担任した学級は，子どもたちのやる気を引き出せる環境になっていたでしょうか。次のような視点で１年間を振り返ってみましょう。

□子どもたちは，日々安心して学級で過ごすことができているか。
□困っている友だちがいたら声をかけたり助けたりする雰囲気があるか。
□いろいろな活動にまとまって取り組んでいるか。
□高学年として学校を引っ張っていこうという子どもたちの意識が育っているか。
□友だちと意見が合わなくても，受け入れようとする雰囲気があるか。
□行事のときには，一部の子だけでなくいろいろな子が活躍しているか。
□子どもたちは教師を信頼し，困ったことがあれば何でも相談できるか。
□何かを成し遂げたとき，みんなで笑ったり喜んだりしているか。
□学級のルールや目標をみんなで話し合って決めることができるか。
□学級のほぼ全員が，リーダーシップを発揮できているか。
□学級内で何か問題が起きたときに，教師に頼らなくても子ども同士で話し合って解決することができているか。
□子どもたちは６年生に向けて，ポジティブな思いや見通しをもつことができているか。

3月

2　授業づくり

　現行の学習指導要領において，小・中・高等学校現場では，主体的・対話的で深い学びの実現が求められています。そして，大学の学部教育の授業改革で注目されたアクティブ・ラーニングを，小・中・高等学校現場でも取り入れていこうとする風潮から，授業の中でペア活動やグループ学習が頻繁に行われるようになっています。しかし，河村（2017）は「大学の学生たちの学習がアクティブラーニングとなるように支援するのと，小・中・高等学校の児童生徒の学習がアクティブラーニングとなるように支援するのとではやや異なる」と主張しています。

　一般的に，大学で授業を受ける学習集団は，ある一定の目的意識をもった学生が，授業履修について評価の仕方や参加の仕方などを受け入れたうえで集まります。それに対して，小・中・高等学校における学習集団は，背景が異なる子どもたちによって構成されます。そして，学級集団は「学習集団」としてだけでなく，「生活集団」としての側面もあわせもっています。よって，授業だけを独立させて協働的な学習をさせるということは困難であり，ペア活動やグループ学習ができているように見えても，関わったふりをして終えてしまうような「なんちゃってアクティブ・ラーニング」になっている場合があると考えられます。

　これらのことから，アクティブ・ラーニング型の授業で成果を上げるためには，質の高い学級集団づくりと授業づくりを一体的に充実させていく必要があります。しかし，河村は「『従来よりも一段レベルの高い学級集団の状態や質が求められる』ことが，現場の教員たちに理解されていない」と現状に対する課題を指摘しています。

　5年生は，学習内容が複雑化するため，学力の個人差が開き，個人の中でも得意な科目と不得意な科目の違いがはっきりしてき始めます。だからこそ，困ったときには「わからないから手伝ってほしい」「この問題難しいから，一緒に解かない？」と声を出せる関係性や雰囲気が大切になってきます。つ

まり，アクティブ・ラーニングの授業方法について振り返るだけでなく，水面下で求められている学級集団づくりのあり方について吟味していく必要があるのです。

　以上の点を踏まえて，次のような視点で１年間を振り返ってみましょう。

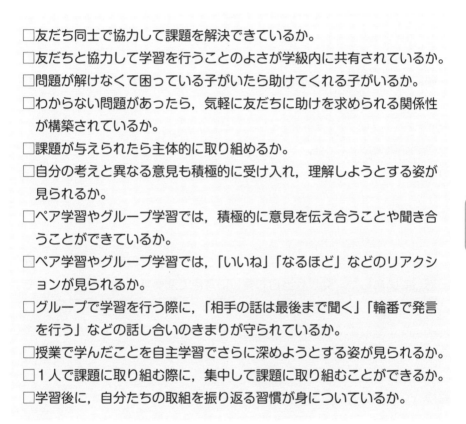

□友だち同士で協力して課題を解決できているか。

□友だちと協力して学習を行うことのよさが学級内に共有されているか。

□問題が解けなくて困っている子がいたら助けてくれる子がいるか。

□わからない問題があったら，気軽に友だちに助けを求められる関係性が構築されているか。

□課題が与えられたら主体的に取り組めるか。

□自分の考えと異なる意見も積極的に受け入れ，理解しようとする姿が見られるか。

□ペア学習やグループ学習では，積極的に意見を伝え合うことや聞き合うことができているか。

□ペア学習やグループ学習では，「いいね」「なるほど」などのリアクションが見られるか。

□グループで学習を行う際に，「相手の話は最後まで聞く」「輪番で発言を行う」などの話し合いのきまりが守られているか。

□授業で学んだことを自主学習でさらに深めようとする姿が見られるか。

□１人で課題に取り組む際に，集中して課題に取り組むことができるか。

□学習後に，自分たちの取組を振り返る習慣が身についているか。

【参考文献】
・ジェア・ブロフィ著・中谷素之監訳『やる気をひきだす教師　学習動機づけの心理学』金子書房
・河村茂雄『アクティブラーニングを成功させる学級づくり』誠信書房

（水流　卓哉）

3学期の通知表文例

●自信をもって英語で表現できる子ども

> 外国語の「What do you have on Monday」では，自分の将来の夢に向かっていく「夢の時間割」を考え，堂々と大きな声で友だちとやりとりしていました。

大きな声を出してやりとりすることができたという具体的なエピソードを伝えます。

●友だちと楽器演奏をがんばった子ども

> 合奏では，鉄琴の担当になり，友だちと一緒に休み時間にも進んで練習していました。発表会当日も美しい音色で演奏することができました。

友だちと協力する練習での様子と，発表会当日の成功をあわせて伝えています。

●ゆっくりでも確実に計算できる子ども

> 算数の割合の問題では，文章題に出てくる数値を数直線に書き表し，数値同士の関係を確かめて丁寧に正しく計算することができました。

時間がかかることではなく，丁寧に取り組んでいる過程をプラスに捉えて伝えることで，保護者も安心します。

●正義感が強い子ども

　休み時間，友だちが悪ふざけをしていると，いけない理由をしっかり伝えて説得していました。高学年としての強い自覚を感じます。

　正しいことができたときの様子を記録し，心の成長を伝えます。

●率先してまわりの手伝いをする子ども

　自分の係ではなくても，進んで配り物やノートの返却をしていました。○○さんが「私，手伝います」と積極的に行動している姿は，クラスの模範です。

　活躍している様子をできるだけ具体的に示すことが大切です。

●先を見通して行動することができる子ども

　朝の会で１日の流れを確認する際，持ち物や集合時間をメモしていました。先を見通して行動する姿は，すでに立派な６年生のようです。

　進級前の最後のメッセージとして，信頼と安心感を示します。

●自己主張が少ない子ども

　ペアやグループでの活動では，友だちが発言するときに相手の方を向き，真剣に意見を聞いていました。

　主張しない代わりに，よく聞いていることをその子のよさとして伝えます。

●積極的に代表になり，役割を全うした子ども

6年生を送る会では，児童代表あいさつを務めました。放課後に，何度も自主学習ノートに下書きし，自分なりに考えた感謝の言葉を伝えることができました。

重要な役割を担い，こだわりをもってしっかり果たしたことを伝えます。

●イベントでクラスをまとめる子ども

ドッジボール大会に向けて，休み時間にクラスみんなを練習に誘い，他のクラスに勝てるように作戦を考えて練習に励みました。

クラスをまとめている様子が想像できるように，詳しく様子を伝えます。

●卒業生のために心を込めて掃除をしていた子ども

卒業式前日準備では，卒業生の教室掃除を担当しました。6年生が気持ちよく卒業できるように，心を込めて教室を掃除していました。

子どもの心のこもった姿勢を捉え，素直に感動した気持ちを伝えます。

●集団で同じ活動をするのが難しい子ども

全校の音楽集会に向けて，リコーダーを一生懸命練習していました。発表当日は，みんなと合わせて上手に演奏できるようになりました。

クラスの中で一緒に活躍できた場面を取り上げ，保護者に伝えます。

●クラスのために事前に準備して取り組んだ子ども

　朝の会では，クイズ係として前日に問題のスライドを用意していました。当日はクイズのスライドをテレビに映し，みんなに問題を出して教室の雰囲気を盛り上げていました。

　クラスのことを考えてしっかり準備をして取り組めることを，具体的なエピソードで伝えます。

●全体のことを考えて行動できる子ども

　お楽しみ会では，実行委員を務めました。スムーズに遊びや出し物が続けられるように準備と片づけを速やかに行い，クラス全体が楽しめるように活動していました。

　クラスに欠かせない貴重な存在であるということを，具体的な活躍の場面を通して伝えます。

●自分の係活動に熱心に取り組めない子ども

　体育係では，友だちとの話し合いの中で，クラスで運動遊びをすることを提案し，子どもたち中心で活動するというアイデアを出していました。

　熱心に取り組めていないことだけを注視するのではなく，その子なりに活躍している場面を意識して見取る姿勢が大切です。

（五十嵐太一）

【執筆者一覧】

古舘　良純 (岩手県花巻市立若葉小学校)

山中　伸之 (栃木市立大平中央小学校)

鈴木　玄輝 (山形県教育局村山教育事務所)

加倉井英紀 (福島市立野田小学校)

渡邉　駿嗣 (福岡教育大学附属福岡小学校)

荒畑美貴子 (NPO 法人 TISEC)

前多　昌顕 (青森県つがる市立森田小学校)

篠原　諒伍 (北海道網走市立南小学校)

山﨑　敏哉 (東京都世田谷区立山崎小学校)

大野　睦仁 (北海道札幌市立平岡中央小学校)

サンバ先生 (公立小学校)

垣内　幸太 (大阪府箕面市立箕面小学校)

宍戸　寛昌 (立命館中学校・高等学校)

桑原　麻里 (宮崎市立江平小学校)

横田　富信 (東京都世田谷区立代沢小学校)

今井　茂樹 (山梨学院短期大学)

青山　雄太 (ヒミツキチ森学園)

北川　雄一 (東京都公立小学校)

水流　卓哉 (愛知県豊橋市立二川小学校)

日野　　勝 (宮城県仙台市立片平丁小学校)

五十嵐太一 (栃木県宇都宮市立豊郷中央小学校)

藤原　友和 (北海道函館市立万年橋小学校)

駒井　康弘 (青森県弘前市立堀越小学校)

土師　尚美 (大阪府池田市立秦野小学校)

日野　英之 (大阪府箕面市教育委員会)

工藤　　智 (大阪府箕面市立西南小学校)

田中翔一郎 (大阪府堺市立登美丘南小学校)

中村　優輝 (奈良県大和郡山市立平和小学校)

有松　浩司 (広島県竹原市立忠海学園)

西尾　勇佑 (大阪府守口市立金田小学校)

佐橋　慶彦 (愛知県名古屋市立守山小学校)

【編者紹介】

『授業力&学級経営力』編集部

（じゅぎょうりょく&がっきゅうけいえいりょくへんしゅうぶ）

『授業力&学級経営力』

毎月12日発売

教育雑誌を読むなら
定期購読が，こんなにお得

特典1 年間購読料が２か月分無料
月刊誌の年間購読（１２冊）を１０か月分の料金でお届けします。
＊隔月誌・季刊誌・臨時増刊号は対象外です。

特典2 雑誌のデータ版を無料閲覧
紙版発売の１か月後に購読雑誌のデータ版を閲覧いただけます。
＊定期購読契約いただいた号よりご利用いただけます。

1年間まるっとおまかせ！

小５担任のための学級経営大事典

2024年3月初版第1刷刊 ©編　者　『授業力&学級経営力』編集部

発行者　藤　原　光　政

発行所　明治図書出版株式会社

http://www.meijitosho.co.jp

（企画）矢口郁雄（校正）大内奈々子・井村佳歩

〒114-0023　東京都北区滝野川7-46-1
振替00160-5-151318　電話03（5907）6701
ご注文窓口　電話03（5907）6668

＊検印省略　　　　組版所　広　研　印　刷　株　式　会　社

Printed in Japan　　　　　ISBN978-4-18-370527-3

もれなくクーポンがもらえる！読者アンケートはこちらから